高校美育教育创新路径探究

王　楠◎著

吉林出版集团股份有限公司

全国百佳图书出版单位

图书在版编目（CIP）数据

高校美育教育创新路径探究 / 王楠著 . -- 长春：
吉林出版集团股份有限公司 , 2023.3
ISBN 978-7-5731-3104-1

Ⅰ . ①高… Ⅱ . ①王… Ⅲ . ①美育—教育研究—高等
学校 Ⅳ . ① G40-014

中国国家版本馆 CIP 数据核字 (2023) 第 048960 号

高校美育教育创新路径探究

GAOXIAO MEIYU JIAOYU CHUANGXIN LUJING TANJIU

著　　者　王　楠
责任编辑　王贝尔
封面设计　李　伟
开　　本　710mm×1000mm　　　1/16
字　　数　210 千
印　　张　12
版　　次　2023 年 8 月第 1 版
印　　次　2023 年 8 月第 1 次印刷
印　　刷　天津和萱印刷有限公司

出　　版　吉林出版集团股份有限公司
发　　行　吉林出版集团股份有限公司
地　　址　吉林省长春市福祉大路 5788 号
邮　　编　130000
电　　话　0431-81629968
邮　　箱　11915286@qq.com
书　　号　ISBN 978-7-5731-3104-1
定　　价　72.00 元

作者简介

王楠　女，1978年10月出生，汉族，籍贯河北省保定市，讲师。2005年毕业于北京师范大学艺术与传媒学院，音乐学方向硕士研究生，现就职于华北电力大学。先后从事院系一线学生管理工作和艺术教育中心行政管理及艺术团指导工作。主持和参与省、市级科研课题二十余项，发表学术论文7篇；指导学生参加全国大学生艺术展演活动获得多项国家级、省部级奖项；曾多次获评优秀指导教师、优秀党务工作者、标兵班主任和优秀辅导员。

前　言

　　随着我国素质教育的大力推行，高校对培养学生的人文素养和综合能力十分重视。在素质教育的发展要求下，高校为了培养学生良好的道德品质和正确的人生观、价值观、世界观，对美育教育的理论和实践创新进行了深入探索，以便保证高校学生身心的全面健康发展，完善学生自身的修养，形成更加健全的人格。新的时代环境给高校美育创新实践带来了全新的契机，通过对高校美育教育的重要意义和理论依据进行深入探讨，本书结合高校美育教育的特点和当前高校美育教育中存在的问题，进一步探究新时代背景下高校美育教育的创新路径。

　　全书共七章。第一章为绪论，主要阐述了美育内涵之维、美育外延之辨、高校美育之蕴、高校美育教育的意义等内容；第二章为中外美育思想发展脉络，主要阐述了中国美育思想的发展历程、西方美育思想的发展历程等内容；第三章为高校美育教育历史与现状，主要阐述了高校美育教育的发展历程、高校美育教育取得的成效、高校美育教育存在的问题等内容；第四章为高校美育教育目标与内容创新，主要阐述了美育目标的一般构成、高校美育教育的目标分析、高校美育教育的内容创新等内容；第五章为高校美育教育原则与方法创新，主要阐述了高校美育课程的特质分析、高校美育教育的基本原则、高校美育教育的方法创新等内容；第六章为高校美育教育载体与机制创新，主要阐述了高校美育教育的载体分析、高校美育教育运行机制创新等内容；第七章为高校美育教育方向与路径创新，主要阐述了高校美育教育创新的方向分析、高校美育教育创新的路径探讨等内容。

　　本书在撰写的过程中，借鉴了大量国内外相关研究成果以及著作、期刊、论文等，在此对相关学者、专家表示诚挚的感谢。

　　由于本人水平有限，书中有些内容还有待进一步深入研究和论证，在此恳切地希望各位同行专家和读者朋友予以斧正。

王楠

年　月

目 录

第一章　绪　论

美育不仅是构建全面培养的教育体系的重要环节，更是中国特色社会主义新时代人才培养的重要组成部分。本章分为美育内涵之维、美育外延之辨、高校美育之蕴、高校美育教育的意义四部分，主要包括美育的概念、美育的本质与功能、美育与德育、美育与智育、高校美育的形式、高校美育的基本特点等内容。

第一节　美育内涵之维

一、美育的概念

（一）美育

虽然"美"这个话题已经被讨论了近千年，但"美育"这个话题是在近两百年前才提出的。法国著名美学家杜夫海纳认为，审美经验揭示了人类与世界最深刻和最亲密的关系，人们需要美，是因为人们需要感到自己存在于世界。18世纪50年代，德国哲学家亚历山大·戈特利布·鲍姆嘉通最早提出美学学科的名称"Aesthetica"，意思是"关于感性认识的科学"。"Aesthetica"的希腊语词根的原意是"感觉学""感性学"。鲍姆嘉通把"感性认识的完善"与"美"联系起来，认为美学研究对象是人类感觉和情感的领域。日本唯物主义哲学家中江肇民用汉语"善美学""佳趣论""美妙学""美学""审美学"等来翻译"Aesthetica"一词。我国思想家康有为、王国维先后接受了这一概念，便就有了今天的"美学"。后来，德国启蒙时期的剧作家、诗人、美学家约翰·克里斯托弗·弗里德里希·冯·席勒在美学的发展历史上第一次提出了"美育"的概念，并在其著作《美育书简》中对美育的理论进行了系统的论述。他认为美育是通过审美自由活动来培养全面发展的完全的人。席勒《美育书简》的哲学基本框架就来自此。

　　康德是德国 18 世纪中期到 19 世纪初期的著名哲学家。他被认为是现代欧洲最具有影响力的思想家之一，他自身也被认为是启蒙运动最后的成果。其一生建树涉及哲学、宗教、伦理学、天文学以及政治领域。

　　康德美学是从哲学体系出发，按照古希腊的传统，将人的心理功能分为知识、情感和意义三部分，并认为人也具有与之相对应的三种认知能力，即理解、判断和推理。出于抑制人性的分裂问题，席勒站在人道主义的角度提出了美育。他觉得，唯有借助审美自由的中间形态，才能够实现将感觉状态向思想与意志活跃状态过渡。如果一个人能够成为具有审美的人，那么他就能够从一个理智人变成一个理性人。

　　康德的美学理论与席勒的美育理论对中国近代教育史上早期的美育主张产生了深刻的影响。近代国内研究学者汤杰英通过查阅相关的词典和著作，收集、整理和分析了近代产生的 50 多种"美育"概念，把美育的概念分为八大类：美育是德育的辅助手段，是美学知识的教育，是艺术教育，是情感教育，是美感教育，是培养审美能力的教育，是"全面育人"的教育，是教育的一种境界。我们可以发现，这八类概念从不同视角对"美育"进行了界定，反映了学界对美育这一特殊的教育学科本质的认识历程。

　　在席勒的《美育简书》之后，人们认为美育能够促进人的整体性的恢复，培养人的全面发展，是人的"第二个创造者"。美育的目的在于培养人们感性方面的能力和精神方面的能力能够尽量高度协调。在我国，受席勒美育影响并转而影响我国审美教育发展的教育家蔡元培先生，在《教育大辞书》中讲到"美育者，应用美学之理论于教育，培养感情为目的者也"。蔡元培认为美育是一种情感教育，主要由天然之美、社会之美、艺术之美、科学之美组成，是遵循美的教育准则来系统培育人的具体化的一种情感教育方式。它需要以当下特殊的时代及其审美观念为基本尺度，以形象化为准则，以情感为基石，最终达到实现人的全方面发展的目的。国粹艺术名家李勇在他的《美学原理》一书中认为，审美教育是以美的体验为核心，以发展人生境界为目的，以审美活动为途径进行的情感教育。

　　可以看出，在有关美育的概念被提出之时，就有不同的学者对美育有着不同的看法。有些学者认为美育是以普及美学知识为目的的艺术教育，有些学者认为美育是发展德育的辅助教育，而有些学者认为美育是陶冶情操的情感教育……但从美本身来看，它并不仅是艺术美的展现，它的存在也不仅仅是使人们拥有高尚的品德和情操，由此可见，以上这些对美育的观点都较为片面。

首先，美育不仅仅是艺术教育。当大家提到美育时，常常会想起中小学的音乐课与美术课，到了高校便是艺术选修课。但从美育的内容上来讲，美育还包括自然美、社会美和科学美，而美育对学生的艺术基础能力和艺术鉴赏能力要求也并不严格，由此可见，艺术教育并未完全概括美育的内涵。

其次，美育也不能称为辅助教育，尽管"德、智、体、美、劳"五育之间的存在紧密的关系，它们相互支撑、彼此渗透。在人的全面发展中，它们同时发挥作用。但是，它们也是独立存在，不可相互替代的。德育、智育通过知识的灌输实现，体育、劳育通过自身实践实现，而美育则是通过拥有美的事物作用主体的"感"实现潜移默化的正向影响。

最后，美育也不能被概括为情感教育。尽管美育的实现需要通过学生产生情感上的共识，但是人的情感也并非只有审美情感，还有对美丑的认识和是非的分辨以及自身的理想与价值情感建立都在美育的范围内，所以情感教育也不能完美地概括美育。美育的内涵既然不能被科学地诠释，那便只能依据时代要求，从实际中寻找一个相对合理的答案，即"美育是审美教育、情操教育、心灵教育，也是丰富想象力和培养创新意识的教育，能提升审美素养、陶冶情操、温润心灵、激发创新创造活力。"综上所述，美育是通过一系列的美育途径达到完善人格和实现人的全面发展的教育。

（二）高校美育

多年来，人类教育发展的历史告诉我们，人文、科技并重的教育可以使教育更加完善。在我国，在社会主义教育方针中，美育是非常关键的构成部分，是培养人才并且使人才得到全面发展的主要构成部分。美育能够促使人的精神得到自由与解放，发挥人的本质力量，达到人格的完美、和谐和生存幸福。这是牵涉到人的全方位发展与人类文明进步的核心问题。很多人认为，"德、智、体"是不能缺少的，然而美育有没有都行。音乐、艺术与别的美育课程存在缺课或经常被挤出课堂的现象。改革开放以后，伴随两个文明建设的持续发展，人的审美本质获得自由。此时，人们对美有着更高的重视，出现了"审美热"和"审美文化热"。一些高校和中专学校陆续设置了美育课程。在此种情形下，急切需要探寻美育这一新兴边缘学科的本质、特征、作用、开展形式等教学规律。

关于高校美育的概念，在高校之中，美育通用教材《大学美育》为高校美育提供相应的理论，提出应该把美学理论与多个学科进行融合。根据学者们有关高校美育的观点和定义，可以发现，他们是基于美育的概念界定而定义高校美育的，但并没有充分突出高校美育的特殊性。有关学者在这方面的观点和看法是与此不大相同的。教材《大学美育》包含两部分：一是基础理论部分；二是文艺作品的架构，主要包括美学理论、艺术理论和文学理论。《高等教育哲学》提到，初等教育之所以不同于中等教育就是因为它们的研究深度是不同的，高等教育是指对更高层面的教育理论进行研究，其职能主要有三个，分别是增大学问范畴、传授知识、为人民服务。由此可知，高等教育与基础教育存在的很明显的差别就是高等教育要教先进的知识，学习者使用学习成就从而进行公共服务，可以看到其所学到的东西。高校审美教育是综合的概念，融合了高等教育和审美教育。有学者认为，高校审美教育一方面可以使学生掌握更多的专业知识，另一方面使学生正确看待事物并养成批判思维的习惯。因此，我们对高校美育的定义是：注重传授深刻的美育知识，培养学生欣赏发展和批判美、使用学到的知识向其他人传播的高等教育。

（三）对于美育的不同观点分析

1. 美育即艺术教育

美育就是一种艺术教育，主要培养人的艺术能力，属于典型的"形象教育论"。这种思想最早来源于东西方古代的教育思想与实践中。在西方，古希腊的哲学家柏拉图、亚里士多德等人在教育问题中，很早就注意到艺术教育在个人发展中起着巨大的作用。当时并没有美育教育的概念，只是单纯地进行艺术教育。柏拉图在《理想国》一书中提到："我们需要寻找有才华的艺术家，让年轻人从小培养对美的热爱，养成将美融入灵魂的习惯。"他很早就注意到艺术课程，尤其是音乐的重要性。后来，古希腊、古罗马学校中，音乐是必设的课程之一。

在我国古代，孔子重视"礼"和"乐"，虽然"礼"比较注重外面的礼节及其仪式，但是更多地强调内心情感，强调外在与内在的和谐统一。"乐"则是通过音律来达到陶冶人性情的目的。"乐"跟"礼"不仅对个人发展非常重要，而且对国家也意义重大。在周朝，学生需掌握"六艺"（礼、乐、射、御、书、数），

"礼"和"乐"包含其中。因此可见，在古代，无论是西方还是东方，虽然当时的人们的生活环境和历史条件有所不同，但是他们都十分重视艺术教育，都认识到艺术教育对个人的发展是非常重要的。美育即艺术教育这种思想的影响非常深远，但是艺术教育不能完全等同于美育。艺术教育是实施美育的重要途径，单纯地认为美育就是艺术教育是片面的。

2. 美育是美学理论的教育

美育即"美学教育"，是指在美学理论之下，美育是研究人与世界审美关系的一门学科，属于哲学之下的一个二级学科。美育主要的研究对象为审美现象学、审美类型学、审美文化学等。此观点认为，美育的主要任务就是要以学习美学知识为基础，将美学知识传授给学生；学生通过美学知识的学习，形成美学理论知识，树立审美思想的教育。有学者认为，美育是指教育者引导学生掌握系统的美学和有关学科（哲学、教育学、文学、心理学等）的基础知识。美育的实施的确需要以相应的美育理论知识作为基础，美育的实施过程也确实包含了美学的因素。但是，不能把美育单纯地理解为只是美学理论的教育，两者并不能等同。这是因为美育涉及的对象是全体的人，美学是针对专门人才学习的，同时两者在理论性、适应性、哲学性、专业性上也有非常明显的差别。因此，不能单纯地把美育教育看作美学理论的教育。

3. 美育是情感教育

美育的最终目的就是陶冶情感、丰富人的精神世界。我国最早提出这种观点的是学者王国维。他在《论教育之宗旨》中指出，民国社会的中国人缺乏审美，缺乏高尚的精神生活。因为没有高尚的精神生活，所以当时人们的精神是空虚和麻木的。要改变这种现状，就必须用审美来提高人们的精神世界，用审美去拯救当时空虚和麻木的人。教育家蔡元培认为，美育者应用美学之理论于教育，以培养感情为目的者也。我国现当代的大多数学者都支持蔡元培这种观点，如现当代著名美学家朱光潜认为，美育是一种情感、精神、思想的教育。在美育教育活动中，培养人的美感就是培养人的情感，而这种情感的作用在于陶冶人的情操、丰富人的性情。还有的学者认为，美育研究人的情感认知、情感心理和情感思维等。

4. 美育是一种综合教育

美育是对人的一种综合教育，不仅包括审美知识，还包括对整个世界和各种事物的看法。知名教育专家滕纯首次提出"大美育"的概念，在他看来"大美育"有两层含义，第一层含义是各个学科都含有美育的因素，因此可以利用各科实施美育，这样有助于促进学生的内在发展，从而影响学生对整个世界的看法；第二层含义是美育的实施不仅仅存在于学校教育的过程中，还存在于家庭教育和社会教育（即家庭美育和社会美育）中。在他看来，美存在于社会生活的各个领域，美育的作用也是多方面的。陈元晖、陈科美等教育家认为，美育通过多方面培养人的整体感知能力，从而促进审美感知、审美理解、审美欣赏和审美创造，达到促进整个人全面发展的目的，是一种综合教育。

随着研究的不断深入，对于美育内涵的理解也越来越深入。从单纯的艺术教育到如今的综合性教育，美育的内涵得到延伸，有利于我们更好地认识理解美育。随着美育内涵的演变，人们意识到现代学校教育的美育应该利用各种资源，例如，学校的校园环境、开设的课程活动、日常的教学内容等，这一切都可以转化为审美对象对学生进行美育教育。美育的最终目的是让学生具备正确的价值观念，如理想、情操、品格等，让学生具备正确的审美心理和良好的审美素养，从而促进学生德、智、体、美、劳的全面、和谐发展的教育。

二、美育的本质与功能

（一）美育的本质

美育可以称为美感教育或者审美教育，虽然美育这个概念很早就被提出了，但是人类审美的思想和冲动一直存在着，故美育的理念本身也是一直存在着的。要对美育的历史渊源进行回顾，必定是与人类文明历史保持同步，美育相关的研究人员大部分认定德国的席勒第一个提出了美育这一个概念。

1795年，《美育书简》中第一次提出了美育这一词，这代表着从此之后美育得到了较为独立的定位，成为单独的科目。在我国第一个提出美育这个概念的人是王国维，他提出教育的目的是培养并且实现四育并举，美育学科结合了教育学和美学，理论研究者的理解各有不同。在《狭义美育到广义美育》这一篇文章中，中国社会科学院大学特聘教授高建平关于美育的理解是全面培养人而采取的所有形式的广义概念以及艺术培养方面的教育狭义概念。重庆大学电影学院副院长彭吉象认为，本质上，美育是感性培养，是情感教育。在《普通高校美育课的思考》

中，也有学者认为美育从属于素质教育，它应当是一个健全的教育体系，包括理论、师资、教学、硬软件；艺术大家叶泽洲认为，美学研究者对于美育的定义大多数用培养审美能力和审美创造力，具体涉及何种审美能力或创造何种美时，极容易陷入以美学教育代替美育或以艺术教育代替美育，得到心灵的满足、情感的共鸣，进一步获得情感的升华。美育的愉悦性是指在美育实践活动中，受教育者感受到了愉悦心理和身体产生的情感体验。

鉴于以上的观点，可以认为，美育除了指有规划、有目的地形成身心发展的美育，还包括在潜移默化中社会和家庭实行的所有教育活动，以及采取的教育手段，美育的目标是增强人的审美能力、丰富人的审美情感、运用审美方法进行教育，从而促进人的审美人格和审美创造力的提高的一种教育形式。

（二）美育的功能

在美育功能上，强调美育独立性基础上的协调功能。在"完整的人"这件事上，可以从两方面来确定，一方面，在生理上，在身体各组织都完整的情况下，只有身体的各个系统能够达到高度协调，才能证明这是一个生理上完整的人；另一方面，在心理上，在人的感觉、知觉、记忆等各方面都健全的情况下，只有它们能够相互关联、相互协调，才能证明这是一个心理上完整的人。只有当一个人在心理上和生理上都能保证完整，才能称得上是一个"完整的人"。美育的存在就是教育人具有这种心理协调的能力。蔡元培将这种能力称为"神经系"，也就是说，即便是人拥有了各方面的素养，但是缺了"神经系"，那么他的各部分便是处于分裂或矛盾的状态，也就是人们常说的人格分裂，所以美育的功能就是协调。而在人的全面发展中，美育还蕴藏了以下功能：

1. 以美促德

鲁迅认为美术可以辅翼道德。当然，这里的美术并不仅指绘画、雕塑，所有的美都能够起到德育的效果。富有美感的事物特别适合用于道德教育。美的事物可以激起人们情感上的共鸣，让善恶观念和社会道德规范潜移默化地影响人们的行为。

2. 以美启智

美育的过程能够激发和锻炼智能。艺术家和科学家有很多能力是相通的，有很多艺术家同时也是科学家，其中最经典的例子就是意大利的达·芬奇，他不但是一位著名的画家，在天文、地质、生物、物理和哲学领域也都有着不菲的成绩。

这是因为美育能够培养学生的审美观察力、记忆力、注意力、想象力和审美分析判断力，而这些能力并不仅限于审美活动中，还会关联智力能力。所以，美育可以促进人的智力发展。

3. 以美育心

美育可以改善人们的心理问题。美育大都能调动受教育者的情感，尽管美育不完全是情感教育，但是也能够起到情感教育的作用，以美的事物来触动受教育者的内心并在合适的时间加以引导，便能起到事半功倍的效果。

4. 以美健体

古希腊人以体为美，健壮的身体是他们对美的追求。在实际发展中，体育与一些艺术并没有明显的界线，例如，武术与舞蹈等。这些项目的参与者追求美的过程就是健体的过程。观看体育赛事时，运动员的身姿、胜利的喜悦、运动员的精神无不给人以美的享受，进而激发观赛者参与体育运动的冲动。所以，美育有促进体育的作用。

5. 以美驱行

美育对劳动习惯、观念的形成也起着不能忽视的作用。马克思主义美育观认为"劳动创造了美"。艺术源于生活，人类在劳动中产生审美情感和审美能力。反过来，美的劳动让人更热爱劳动，成为驱使人们劳动的力量。

第二节　美育外延之辨

一、美育与德育

（一）德育内涵

1. 道德的概念

关于"道德"这一概念，它是作为伦理学研究领域中的一大基本问题而存在的，弄清楚它的含义可以为后续一切相关研究打下理论基础。"道德"作为随时代发展的社会意识形态，人们对它的认识也经历了从感性到理性的过程。

在中国古代，"道德"一词是由"道"和"德"这两个不同概念演变组合而来的，"道德"在古代典籍中是分开的两个词。"道"作为万事万物存在的根源，具有创造一切的力量；而"德"是在不违反自然界客观发展规律的前提下，为满足自然界、人类社会和人们实际需求而付诸行动的行为，同时也是推动自然和社会前进、提升自我的实践方式。"道"与"德"二者之间的关系，表现为"道"承载一切，而"德"揭示"道"的一切。如果没有"德"的存在，人们就无法去切实了解和感知"道"在其中蕴含的理念。最早见于"道德"二字是在《荀子》中。"道德"实则具有两层含义，即社会道德原则规范和个人道德品质。所谓"德"，其实是"德（得）道"。在道与德之间，古代社会的人更加看重"道"。

在古代，关于"道德"也有若干规范。首先就是要讲"仁"，它在传统道德中最为重要，是其他道德的总称；然后就是要讲义、忠、孝、诚信、廉耻和救济鳏寡孤独等。中国古代关于"道德"的思想为后人正确认识道德奠定了丰富的文化基础。早在19世纪，马克思关于"道德"的一系列观点就已经形成了马克思主义道德理论。在马克思看来，道德的产生是伴随着社会生产劳动而相继产生的，道德与社会分工密切相关，是由经济基础所决定的上层建筑，属于社会意识形态。"个人怎样表现自己的生命，他们自己就是怎样。因此，他们是什么样的，这同他们的生产是一致的——既和他们生产什么一致，又和他们怎么生产一致""一切以往的道德论归根到底都是当时的社会经济状况的产物"，这两句话就足以阐明马克思关于经济基础决定道德发展水平，道德又反过来反映社会物质生产水平的观点。

实际上，通过马克思对于"道德"的论述可以看出，马克思所阐述的"道德"具有非常明显的"社会性"和"历史性"，必须置身于一定的社会关系之中而存在，随着社会发展进程具有不同的表现形态，而这有力地打击了先前的"道德超自然起源"的论述。尽管马克思关于"道德"的观点诞生于19世纪，但它是马克思主义在道德层面上的具体表现形态，而这为此后人们关于"道德"的相关理论研究奠定了坚实的理论基础。

2. 德育的概念

德育这一合成名词概念最早出现于西方国家，民国政府于1912年颁布了"注重道德教育"方针，标志着德育正式成为我国通用的教育术语之一。关于德育的概念，学者们有着不同的理解和界定。有学者认为，德育是对受教育者施加系统影响的教育全过程。北京师范大学教授郭文安认为，德育是以实践活动为基础而形成的道德教育。河南大学教育系主任王汉澜认为，德育就是教师有目的地培养学生品德的活动。据此，我们对德育做出描述性界定：德育是指教育者依据统治阶级的发展要求，在全面遵循教育对象身心发展特点的基础上，有目的地对受教育者施加系统影响，促使教育对象形成全面素质的教育活动过程。

德育在目前尚未出现统一的标准。诸多学者从不同的角度去理解这一词，但对此都有着共同的指向，即为对品德的教育。广义的德育指的是在社会、学校、家庭等领域在思想、道德等方面展开的有目的、有计划的培育。而狭义的德育就比较局限，一般指学校德育，通过一些有目的的教育活动，在实践和认知的过程中，培养受教者在思想、政治和道德方面的发展。

"德"从社会层面来看，可以定义为人们普遍遵循的准则和规范；就个人层面来说，"德"为个人的品质道德和品质行为。先秦时期，在治理国家的层面中，儒家主张"德育"与"礼治"结合，佐以"道之以德，齐之以礼，有耻且格"的观点。孔子认为"仁"为教育指导，这同样是社会向往的最高层次。他在教导学生中也以德育为主，以知识为辅。思想家孟子以为"设为庠、序、学、校以教之……学则三代共之，皆所以明人伦也"，还认为德育可以保持人的善良和本性，使人成为更加完美的人，从中可看出他对德育的推崇和重视。

在西方，人们也非常重视德育。古希腊哲学家苏格拉底提出了很多深刻内涵的教育观点，在道德问题中，主张"美德即知识"。他认为，一个人只有认识善恶和美丑，才会向往"善"，拒斥"恶"。在他看来，知识为基础的道德是可以后天培养的，有"德行可教"的主张，认为道德是通过教育而来的，由此可以看出他对德育的重视。

在近现代中，德国哲学家康德提出，道德法则为至高无上的法则，即人们应该通过德育法则约束自身行为；认为人需要道德教育，只有通过教育，才会达到道德完善，成为自由的人。我国的国学大师王国维认为，教育包括"智育、德育（即意育）、美育"，培养审美趣味有利于人们更容易接受道德，培养人的德性。在目前，教育界逐渐认定了德育即为学校的道德教育，其根本上是为人的发展，以学生整体发展为着力点传递正向价值，满足多层次文化环境，培养学生道德品质。总之，德育即为对德性培养的一种实践和理论活动，使人内化自身，从自我认知中提升道德思想，进而提升道德素养、规范道德行为。

（二）美育与德育的关系

美育不是常识教育，而是一种情感教育，是具有一定美的因素的教育教学活动。美育旨在培养学生正确的审美意识，让学生能够认识美、展现美进而创造美。美育教学的形式也是德育发展的重要因素。广义的德育是指有计划地对社会成员进行思想道德教育的活动。狭义的德育是指学校德育，是指按照社会要求，有目的地对教育客体实施思想道德方面影响的活动。从美育和德育的性质上看，两者有很大的不同，德育主要是规范教育，意旨让受教育者服从，而美育是一种柔性引导，意在对受教育者潜移默化的影响。

虽然德育和美育性质不一，但美育与德育有着非常密切的关系：德育保证了美育的正确方向并为其提供丰富的教学资源和内容。美育则为德育提供了教学手段，使学生在接受德育的时候如沐春风，通过美学和美的运用，增强德育的影响力。美育和德育可以相互渗透并相互促进。美育就像一只无形的手，而德育则是有形的手，两者相互联系、相互补充，缺一不可。"两只手"的协同作用能够引导学生进行审美认知和审美创造，在教学过程中带给学生关于美的享受，让学生在日常学习生活中能自觉辨别真善美和假恶丑，从而认识美、认可美，最终践行美。

二、美育与智育

（一）智育的概念

捷克民主主义教育家夸美纽斯针对智育问题这样描述："人类这个理性的动物不要由别人的心智去领导，要由他自己的心智去领导，要亲自探求事物的根源，获得一种能了解、能利用所学事物的习惯。"智育不仅是传递和接受知识，更重要的是培养人发现事物本质的能力。也有学者指出，智育是对学生智能的培育和发展，是学生全面发展的重要内容；同时，通过系统的教育途径有效地传授学生基本知识，培养学生的心理素质和基本意识，为学生的终身学习奠定基础。我国著名教育家叶澜从智育目标达成的三个角度对智育进行了阐述。一是让学生具备一定的科学知识和运用知识的能力，为以后的社会工作和继续学习打下扎实的知识基础；二是智育可以提高学生的认知能力，为他们的终生学习和创造性活动作好充分的准备；三是要使学生养成热爱科学、追求科学、探索科学的习惯。

综上所述，智育是以人为培养对象，对人的思维意识和行为模式形成积极影响，最终促成个体思维和行为的主动化行为。但现代智育与近代智育的目的任务不尽相同，这是由于时代环境的差异性决定的，因此在近代教育背景下进行智育探索对当代教育具有一定启示意义。

（二）美育与智育的关系

智育主要是传授知识和技能的教育，其目的是提高人们认识和把握客观世界规律的能力，解决一个真的问题。智育是教育活动的基础环节。一个全面发展的人必须具有丰富的科学知识和一定的劳动技巧。美育对于智育的实施也有着不可忽视的作用。通过美育，能够以美启真，这是人们通过对自然美、社会美、艺术美的欣赏，在愉悦精神的同时，了解历史、了解自然、了解社会，获得各种自然科学和社会科学的知识。美育对智育的这种影响能深入到生命初期的智力启蒙和人生最重要的学校教育时期，同时对科学家们探索真理的奥秘也有很大的影响。

现代科学证明，受到过胎教的儿童，无论是从性格和气质上还是从智力上，都要比未受到过胎教的儿童要好得多。人所接受的最早教育能使生命获得最佳的发展基础。幼儿期是一个人智力发展的关键期，这一时期的家庭环境对孩子来讲尤为重要。一个具有审美气氛的家庭环境是开启孩子心灵大门的一把金钥匙。在日常学校教育中，运用以美启真的原则，也会大大有利于调动学生学习的兴趣，使学生认识和掌握事物的内在规律。

三、美育与体育

（一）体育的概念

现代汉语中的"体育"一词最早从日本传入中国，而日本则是明治维新时在学习西方文化的过程中开始接触"体育"。

当时的"体育"有两种解读，其一是"Physical education"（体育），即通常意义上说的"对身体的训练"或"体育运动"，这一解读形成于欧洲，最早出现在法国著名思想家卢梭的《关于如何增加福祉、保持健康的词汇大全》一书中，之后传入日本，日本将其译为"体之教"。1897年，中国的文字资料中开始出现"体育"的字眼，当时上海大同译书局出版的康有为《日本书目志》中提到了"体育"；南洋公学编《蒙学读本》第二编中也提到西方学校"以德育、智育、体育为三大纲"；其二是"gymnastics"（体操），这一词来源于古希腊语的"gymnastike"，即一种身体的技术。最早接触到"gymnastics"的是北洋机器局总办傅云龙，他在参观完日本高等学校后曾在日记中提到"体操为学校通例"。梁启超于1986年发表在《时务报》的文章中，提到"办新学、习体操"，随着"体育""体操"等词汇在中国各大报刊、杂志上的广泛出现，其所代表的含义和内容在被中国人接纳和熟知的同时，也逐渐成为一个民族对社会革新和渴望复兴的呼唤和期盼。

从体育的起源看，自原始社会开始，体育就已经作为一个特殊的方式，在人体的各个方面"做文章"，无论是生存类的捕猎活动，还是手舞足蹈的庆祝活动，都包含着体育（活动）的成分。随着人类的活动逐渐从动物性的原始游戏转向有理智、有道德的人的群体性运动，甚至开始创造极具人文色彩的运动仪式，人们就开始意识到，体育终于摆脱了依附其他社会活动而存在的状况，真正实现了相对独立性，成了除劳动生产、节日庆典、宗教祭祀等以外的必要社会活动。

在中国，虽然在19世纪后期才有"体育"一词，但中国的传统运动项目却与"体育"有着不可割裂的关系。其中最重要的一个内容就是孔子所倡导的"体格教育"以及之后演变出的"六艺"。不难看出，从孔子那时起，人们就认为体格教育是与道德、品行、智慧教育等并驾齐驱的教育形式。唐宋时期，中国人非常重视和流行的运动项目——马球和蹴鞠等，也反映了当时人们对运动、健身的热爱。但是，伴随着以儒学为基础的科举考试制度的发展，当时社会逐渐形成了"重文轻武"的风气，体格教育越来越受到社会的轻视。近代以来，在"physical education"和"gymnastics"概念的影响下，中国的"体育"概念开始以"身体教育"和"军事体操"等形式出现，并逐渐与中国自强求富的理念相关联。例如，张之洞曾在《劝学篇》中总结：锻炼身体和中国的国家存亡息息相关。这一时期，中国的"体育"内涵可以概括为在"physical education"和"gymnastics"基础上的培养中国人的"尚武精神"。随着社会的进步和发展，西方学校体育、竞技体育、群众体育开始兴起，"体育"的内涵也发生了拓展，人们在"physical education"原有含义的基础上，还创造性的提出了"massexercise""schoolsport"等新词汇、新概念。"physical education" 也逐渐被 "sport（s）"或 "exercise"所代替。"sport（s）"一词是个现代术语，它源于法语 "despoter"和拉丁语 "depotare"，本意是自娱自乐，而后多用于表示 "game（游戏）"或 "competition（竞争）"等。"体育"这一概念在词源上的鲜明转变，表达了随着社会的进步和发展，"体育"的内涵不仅包含 "身体教育"，也包含体育文化、竞技体育、群众体育等相关内涵。在中文语境下，"体育"一词同样被赋予了新的内涵，其中最为显著的就是在 "体育"中加入了文化的概念。例如，《体育原理》一书中将 "体育"界定为 "体育是以人体运动为基本手段增强健康、提高生活质量的教育过程与文化活动"。

此外，随着中国竞技体育的蓬勃发展，中国与世界的关系日趋紧密，这种体格教育逐渐与民族荣誉感和认同感相关联，"体育"开始作为中国社会转型和增强国家软实力的媒介、获得国家声誉的引擎以及与外部世界相连接的桥梁。当前，我国对于体育的发展重心逐渐由竞技体育转向全民体育，实现个人自由且全面的发展，培养 "完整的人"已经成为我国最重要的教育目标和方针，而体育作为实现人全面发展的教育构成要素必然有其时代内涵。因此，分析体育的内涵也必然要从实现人全面发展的基本目标出发。

综上所述，体育作为有目的的对象化活动，作为长期演变且形成的社会文化现象，是人类不可缺少的社会活动。体育以人体发展规律为依据、以身体和智力为载体，在增强体质、提高生活质量、实现人的全面发展等方面起着至关重要的作用。随着社会的不断发展进步，"体育"的内涵和外延也将不断发展变化。

总而言之，体育包括 "体能训练""体育教育""体能系统"概念的内容（现代解释 "体能训练与运动系统"），即 "竞技体育"（精英和职业运动）"身体健康""身体发育""身体素质""奥林匹克运动""大众体育"。体育从劳动中诞生，随着社会的发展而发展，服务于特定的社会政治和经济活动，是社会文化教育不可分割的一部分。体育以运动为基础，利用自然条件，例如阳光、空气、水等，与卫生保健相结合，使人体得到良好的锻炼，以促进人体健康，提高体质。我国体育的主要任务是：促进广大群众的身心健康全面发展、掌握基本的体育知识与技术、提升体育技能水平、注重卫生、经常锻炼、良好的身体素质、良好的社会主义品德、为社会主义的生产、国防建设服务。国家体育发展水平的高低，主要体现在：国民体质、体育普及水平；体育制度、措施和实施；体育科学理论与设备条件；体育技能、运动成绩等。体育以身体各部分活动为基础，促进人们对自身的认识与发展并不断完善自身各部分。人的活动形态、目的和应用领域各有不同，体育活动可划分为多种，它们的作用和价值具有普遍性、历史性和动态性，并随时代的发展而变化。总的来说，体育以身体的活动为基础，体育的主要形式包括学校体育教育、社会休闲体育和竞技运动体育。体育的直接目标是以人为本，促进人的身心健康全面发展；间接目标是推动社会发展。体育发展依赖于社会发展，而体育与社会的相互作用是其发展和变革的根本动力。在不同的社会背景下，体育表现出的功能与价值也不尽相同。体育与"五育"中其他部分应紧密结合，在促进学生全面发展中发挥重要作用并展现其独特价值。

（二）美育与体育的关系

美育与体育的关系是十分密切的。体育训练还可以使人身体健康，具有良好的耐力、力量和技巧，具有发达的肌肉、健美的形体。美育活动能够提高人的鉴赏美的能力，促进人们对于健美的自觉认识，不断提高人体的健美素质。一个全面发展的人，只有身体健康、精神充实，才会在体格、行为和心灵各个方面都是健美的。所以，健与美在总要求上，是一个统一的整体。体育与美育有时也是难以区分的。由此可见，美育不仅是培养全面发展的人才不可缺少的一个环节，同时又与德育、智育、体育有着千丝万缕的联系，能从人与现实的审美关系角度，通过审美实践陶冶性情、美化心灵，丰富人的精神生活，启发人的智力，促进人的身心健康。所以，加强美育对造就一代新人、建设社会主义的物质文明与精神文明有重要意义。

四、美育与劳育

（一）劳育的概念

分析过去人们对劳动教育下的定义，可谓"仁者见仁、智者见智"。在《中国大百科全书·教育》中，劳动教育被定义为："使学生树立正确的劳动观点和劳动态度，热爱劳动和劳动人民，养成劳动习惯的教育，是德育的内容之一。"这一定义侧重"关于劳动"的观点、态度、情感和习惯的培养，强调其依附于德育的从属性定位。在《教育学原理》一书中，劳动教育被定义为："使学生掌握现代生产的基本科学技术知识和学会现代生产的基本技能，培养参加现代生产劳动的各种基本能力。"这一定义突出了劳动教育的智育属性，强调知识和技能的提升。《教师百科辞典》则把劳动教育定义为："劳动教育就是向受教育者传播现代生产的基本知识和技能，培养他们具有正确的劳动观点、劳动习惯和热爱劳动人民、劳动成果的情感。"这一定义强调了劳动教育的智育属性和德育属性，不仅注重发展受教育者的各项知识和技能，还注重培养他们的劳动观点、习惯和情感。

分析过去人们对劳动教育下的定义，可以发现，劳动教育长期处于依附于德育或智育的从属性定位，其所具有的区别于德、智、体、美"四育"的独特育人价值常常被忽视。综合以上的分析，劳动教育的内涵也是一个动态、变化、发展的概念，要么被视为德育的内容之一，要么被归属于智育的属性，抑或被视为德育和智育二者的结合体。但是，不论如何变化发展，因为劳动教育具有的独特育人价值长期被忽视，自然而然地，其也难以取得与德、智、体、美"四育"平等的地位。直到德、智、体、美、劳"五育并举"教育方针提出，劳动教育从此被提升到与其他"四育"平等的战略地位。

随着地位的提升，劳动教育的内涵也将发生新的变化，这就要求我们要用发展的眼光来审视当前的劳动教育。因此，劳动教育应结合劳动在新时代的新发展、新特点、新变化以及受教育者的特点和需求，向受教育者传授正确的劳动思想观念、符合现代化需求的相关科学劳动知识和技能，提高受教育者进行简单性、复杂性、创造性劳动的综合能力，目的是让受教育者在劳动中获得价值感和意义感，明白"实干兴邦、空谈误国""幸福是奋斗出来的"道理，懂得尊重劳动成果、劳动人民，成为德、智、体、美、劳全面发展的高素质劳动者。

（二）美育与劳育的关系

美育与劳动教育的根本途径决定了二者的根本性差异。劳动教育以劳动观教育和劳动技能教育为主，是全面发展教育的实践基础，根本途径在于劳动实践，目的在于培养学生良好的劳动习惯和基本的劳动能力。美育的根本途径在于审美实践，集中表现在对美的观赏、体验和创造，目的是培养学生的审美素养。

然而，二者又是相互联系的，劳动教育通过调动受教育者身心的投入和各种能力的施展，使劳动者身体力行地参与具有较强实践性的活动。劳育过程是重要的审美实践方式，美育寓于劳动教育之中。劳动教育不同于日常创造物质财富的生产劳动，也不同于专门的技术教育，而是一种物质与精神相统一、体力与脑力相配合、创造与制作相结合的活动，在劳动教育中体验美和创造美。在劳动过程中获得的美的享受和追求反过来增进了学生对劳动参与的热情和热爱。

总而言之，美育与诸育既相互区别又相互联系。在新时代教育理念下，高校应高举五育并举的旗帜完善教育结构。师生应正确认识美育的地位和外在关系，将美育置于平等的地位。

第三节　高校美育之蕴

一、高校美育文化建设背景

（一）国际背景

随着当今世界全球化和信息化的飞速发展，各国之间的文化交流愈发频繁，树立文化自信已经成了各国竞争的主旋律。日益密切的各国文化交流和文化融汇对我国弘扬传统文化而言，既是机遇又是挑战。在文化交流过程中，中华优秀传统文化在世界范围内传播，但我们也要注意外来文化对传统文化的冲击。西方优秀文化的流入丰富了大学生的视野，但是大学生在与西方文明交流互鉴的同时，要坚持历史文化认同感、民族认同感。

新时代文化发展不仅是中西文化的交流，也是传统与时尚的交融。在这样的背景下，美育建设有利于人们增加对多种新思潮的鉴别能力，把握新的思想的审美规律，从而规范自己的行为，塑造美好的品格，获得审美素养的提升，并在对传统文化的审美中增加对我国悠久历史文化认同感和民族自豪感。对整个社会而言，美育文化建设培养优秀的综合素质人才，对深入实施新时代人才强国战略发挥着巨大的作用。随着文化交流日益频繁，东西审美文化的碰撞与融汇成了当今我国青年群体审美价值观念的主导。

大学生在对外来文化的审美过程中要做到去糟取精、去伪存真，并以外来文化与传统文化进行比较，探索其中审美规律，正确地看待本民族文化中的优劣，在传承发展中国传统文化的基础上汲取外来文化之精髓，使传统文化保持时代活力。青年群体作为国家的未来和希望，学生群体积极向上的审美价值观决定着国家命运的走向。大学时期作为当代青年接受美育教育的重要时期，对美的事物产生了巨大的追求。高校作为中西文化交流的重要场所，在各国之间的文化交流中，开阔了青年人的眼界，丰富了大学生的文化审美体验。

但是，大学生群体普遍存在着审美鉴别能力不足的情况。大学生在面对外来文化对传统文化的渗透和冲击时，往往不能理性地思考和正确判断。对于外来文化的审美鉴别能力的不足导致当代大学生出现文化认同危机。美育文化建设是迎接新时代文化建设发展的必然要求，也是解决新时代教育问题的时代要求。

（二）国内背景

随着中国经济的飞速发展，中国民众的物质生活得到了满足，解决国民精神生活的需求成为全方位建设现代化强国的核心问题。按照党中央统筹推进的"全面建设社会主义现代化国家"的要求，我们在实现物质文明的基础上也要全方位进行精神文明建设。教育事业在中国精神文明建设中扮演着至关重要的角色，当代教育体系的改革和发展成为当下精神文明建设过程中的重要命题。德、智、体、美、劳五育协调发展是全面建设社会主义现代国家的关键。

在当今社会的错综复杂的形势下，美育文化建设引导大学生树立正确的审美价值观念，在当代精神文明建设中发挥着重要作用。中国大学生在为实现中华民族伟大复兴与实施人才强国战略中担负着巨大的责任。大学生审美素养的培养对于人才全方位建设有着重大的意义，直接影响着国家的未来和整个中华民族的价值取向，为培养当代大学生爱国之心，激发大学生砥砺爱国之志发挥着举足轻重的作用。

美育建设的实施对当代青少年践行社会主义核心价值观有着积极影响。面对应接不暇的流行思潮，青年群体很难做到精准地鉴别。大学生群体所接受的文化思想良莠不齐，需要高校教育对其进行正确引导。在这样的社会背景下，大学生健全人格、高尚品格的塑造仅依靠智育的引领是不健全、不平衡、不充足的，高校开展教育工作需五育协调发展、相辅相成、协同发力，为国家塑造全面发展的高素质人才。

美育文化建设对丰富全体中国人民的精神生活有着重要意义。中国传统文化蕴含的审美文化寄托着人们对美好生活的期待和向往，是传统文化精神内涵的精髓所在。教育是精神继承和文化发展的必然要求。高校作为教育的重要场所，为全体人民的精神生活提供保障，这也是精神文化存在和延续的本质需要。高校美育文化建设的核心内容就是将传统文化精神内涵以审美的方式传承和延续，并紧随时代发展，将传统文化与现代大学生的审美生活紧密联系起来，以此激发审美教育的时代价值，为人民的精神与文化生活提供教育保障。另外，美育文化建设是提升人们思想觉悟、树立文化自信的先决条件之一。在美育文化的实施过程中对传统文化的解读和传播是维护国家繁荣富强、民族团结的精神纽带。

美育文化建设可以引导当代青少年树立远大理想信念。要运用美育文化建设重拾优秀传统文化价值观念，为学生树立理想、坚定信念、端正三观提供强有力的支持。

二、高校美育的形式

（一）课堂内的美育

艺术课程包括美术、体育和音乐，这些专业课程都从属于审美教育，但其传授的知识的专业水平更高。详细来说，它们主要包含三个部分，让学生从根本上认识美育的特征与实质，对学生认识美起到一个良好的引导作用；基础理论课程主要让学生对美育的本质和特点有一些本质上的认识，从而引导学生认识美；音乐鉴赏课程，其鉴赏内容涉及各类音乐知识，如西方古典音乐鉴赏、中国古代音乐鉴赏等；专业课程包括器乐、舞蹈、美术等课程，旨在培养学生的专业技能，让学生了解专业，同时培养学生独特的审美特征。

在综合性大学中，不但艺术专业的课程具有审美教育的特性，其他专业的课程也有审美教育的内容，例如，人文社会学科中的新闻学是关于语言方面的审美教育，相关专业有新闻、广告、传播等。这些专业课程的教学内容都包含文字，美育也包括文字的语言美，所以说文学便是一种美育的形式。美育不但可以使学生得到全面发展，而且可以提高学生的审美，丰富他们的内心世界，这也是美育最终的目标。基于此，美育教师在素质教育过程中，应当对美育进行一定的强化，在学科教学的培养目标中结合美育的内容。

通识教育课程一般根据有关教育的需求文件进行设置，分为艺术必修课和艺术选修课两种类型。前者主要包括音乐、美术、艺术、影视、舞蹈等，如古典音乐鉴赏、世界音乐等。选修课则全凭学生的兴趣爱好，主要包括艺术的发展历史、艺术欣赏、艺术评价和艺术实践四个主要类别。高校也可以根据自己的实际情况，设置与传统文化的发展相融合的校园公共艺术课程。

（二）课堂外的美育

1.美育资源共享平台

高校可以利用网络技术与平台进行合作，开发高质量美育课程资源，令其与美育课程适配起来，使学生在课堂之外还能学习到校外的美育课程。学生在课堂内能够对美育专业知识有一定程度的掌握，在课堂外通过网络平台还能掌握课堂内没有的美育知识。

2.组织校园文化活动

高校的校园文化活动包括与审美教育有关的大规模活动，如健美操艺术节目等。审美教育是美育的一个重要的辅助手段，实施的活动通常处于审美教育的范围里面，不管什么形式、什么内容，采用什么类型的手段，只要能够愉悦学生的身心、使学生得到审美体验就属于审美目的达成。美育其实充斥着人们的生活日常。

归根到底，在实践中，有很多宣传、强化、发展美育的方式，无论是艺术专业还是非艺术专业，它们的要求虽然各有区别，但整体目的大致一致。如此一来，学生便能够掌握更多的专业知识，并且强化美育知识，丰富生活，充实精神，得到全面、健康的发展。

三、高校美育的基本特点

每门学科均有其相应的教学体系，它们支撑着本学科的建构。教师唯有掌握这些内容，方可在教育实践中获得理想的成效。教育的本质和教育的最高价值是追求美的教育。区别于机械教育模式，美的教育更具超越性、情感性、形象性和愉悦性。教育的核心问题是如何培养人的主观能动性，也就是培养人的主观性、能动性，最终激发人的创造性。人类从实践到认识，再从认识到实践的教育经验表明：美育能够充分调动人的主观能动性，激发人的自主能力和创造能力。因此，高校作为人才培养的摇篮，只有重视美育，才能更好地发挥教育的优势，为社会培养更多全面发展的人才，从而更好地服务社会。

（一）超越性

美育具有超越性，这是因为美育不仅是对现实社会的经济、政治和文化现状的反映，更是对现实经济政治文化现状的超越。美育在教会人们认识现实社会之美，使人能够适应现实社会、接纳现实社会的同时，又让人对于未来充满幻想和期盼。与此同时，美育具有提升自我并创造自我的力量，能够使人的心灵得到释放，实现对人价值的引领和提升。

美育的超越性主要表现在美育能够引导受教者发现现实美，使其对美进行深入思考，在超越现实美的基础上探索生命之美、价值之美，最终使受教者超越直观现实，追寻现实生活中更深层的精神世界。美育引导受教育者树立正确的世界观、人生观和价值观，使其摆脱现实和功利的束缚，在超越现实美的基础上，创造未来之美和人生之美。

（二）情感性

心理学认为，情感是人们对于客观存在的事物是否满足其内心需要而产生的态度反映，是人感受的表现，是人对客观现实的一种特殊反映形式。从辩证唯物主义观点出发，任何一种情感都是对现实生活中存在的事与物的一种主观反映，这种客观存在的事与物即是被感知的情感对象。

美育的过程不同于其他教育，美育是一种偏感性的教育过程。在美育中，教育者会事先设计好审美活动，在活动中会有各种各样的审美对象对受教育者的感官进行冲击，这会使他们产生对审美对象的感受和情感，从而逐渐实现对主体的影响和教育。

美育具有情感性，主要表现在美育实施的前提是受教者能够对美的事物做出反应，这种反应就是审美情感。审美情感是一种复杂的精神现象，是对审美对象的主观感受，是人各种心理的综合表现，在一定程度上反映了人对审美对象的客观评价。人不是生来就有审美情感的，而是随着人社会阅历的丰富而产生和成长的情感。思想家普列汉诺夫认为劳动先于艺术和审美，人最初从功利观点来观察事物和现象，后来才站到审美的观点上来看待它们。因此，美育不同于其他教育之处是美育不仅在于传授美学知识，更重要的是培养受教者感受美、体验美的能力，丰富受教者的情感。所以，美育具有情感性。

（三）形象性

在人们周边的美普遍是以最直观、具体的形象展现出来的。而美育最直接的方法就是运用具体形象的事物冲击人们的感官，如优美的声音、生动的画面，这些声音和画面就是审美对象。美育通过具体、形象的审美对象调动人们的感官，再由大脑处理为感受进而影响主体获得审美教育。

用辩证唯物主义观点来说，世界上一切美的观点和美的情感都是对现实客观事物的反映。人对于美的想象都是有现实依据的，正所谓艺术源于生活又高于生活，理解任何事物的本质和规律都需要通过具体的形象。例如，人们在欣赏一幅山水画时，往往会被画中的山水之景所震撼，感慨画家精湛的笔法和画中浓浓的诗意，被其美的因素所吸引，仿佛身临其境，在这种基于形象的陶冶中感受美的教育。形象是美育教学的基础，美育教学离开形象的事物是无法开展的，因此美育具有形象性。

（四）愉悦性

在五育中，"寓教于乐"四个字最能在美育过程中体现出来。在美育过程中，教师和学生都能在其中感受到快乐和自由。美育的审美活动会使参与者们暂时放下现实中的一些烦恼，全身心感受审美活动带来的愉快体验。在审美活动对参与者感受的不断刺激下，人们的精神也获得了极大的享受，同时灵魂也在潜移默化中得到了教育。

美育与传统的应试教育截然不同。与传统的生硬灌输类教育相比，美育是在潜移默化中培养人的情感，通过自由、愉悦的方式给人以启迪的教育。人们对于美的需求是天生的，俗话说"爱美之心，人皆有之"。美育是以满足人对于美的追求为基础的教育，是在受教者感兴趣的基础上，借助美的事与物来培养人情感的教育。也就是说，美育用愉悦的学习代替了传统的生硬灌输，在向人传输美的知识的同时使人的内心感受到舒畅和愉悦。

第四节　高校美育教育的意义

一、有利于建设美的校园环境

（一）有利于发挥高校文化传承的职能

文化传承是高校的职能之一。文化进步的国民，既要实施科学教育，又要普及美术教育。在教育家蔡元培看来，美育是新文化运动中不可缺少的部分。美学家曾繁仁先生也提出，美育的育人作用使其成为文化建设的重要途径之一。美育的育人功能为文化的传承和创新起到了重要的推动作用，高校通过美育教育将中华优秀传统文化融入学生学习和生活的各个方面，将传统优秀文化的学习从理论层面延展到实践活动，实现理论与实践相融合。

高校美育教育为大学生学习中华优秀传统文化提供了多种途径，让大学生从多方面了解中华优秀传统文化的内涵，从各个层次欣赏中华优秀传统文化的美，唤起情感上的共鸣，增强大学生对我国本土文化的认同，坚定大学生的文化信仰，使我国本土文化在全球化和多元化的今天能够保持本民族的鲜明特色。地域文化是中华传统文化的一部分。地域文化是地方高校实施美育教育的重要资源，也是地方高校的一个美育途径。地方高校借助美育教育的平台对该地地域文化进行统合整编，深入发掘地域文化的优秀品格，有利于该地区地域文化体系的系统化和优秀地域文化的传承发展，繁荣中华优秀传统文化；也有助于改良当地一些地方风俗，提高当地居民的人文素质修养。高校美育要以中华优秀传统文化为基石，通过高校美育的各种表现形式，将具有当代价值的中华优秀传统文化精髓和社会主义先进文化展现出来，提高大学生的文化，使大学生自觉坚定理想信念，增强大学生的文化自信，促使大学生形成共同的文化认同，塑造民族文化精神。

（二）有利于大学生更好地践行社会主义核心价值观

社会主义核心价值观教育对大学生价值观的确立起着关键性作用。美育借助情感渗透性教育，帮助学生的感情理性化，构建起"自律"，实现人的自由全面发展，体现出核心价值观教育的重要指向。高校美育所涵盖的寓教于乐、以情感人的特点能够更有效地推动核心价值观教育，让核心价值观教育更好地入脑入心，并转化为行为自觉。

1. 有助于培育大学生的爱国情怀

大学生是爱国主义的主要承载对象，审美教育以"自然美""形式美""情感美"等融入爱国主义教育中，加大大学生对爱国主义教育的情感认知。

2. 有利于塑造大学生诚信的品格

诚信是人与人之间沟通交往最基本的准则，然而在利益追逐、物欲横流的市场经济下，诚信缺失现象经常出现。诚信是美的，讲诚信的人也是美的，审美教育通过引导能够塑造大学生良好的诚信品格，将诚信归为一种文化，形成美的体系，这样更便于各领域的践行，有助于大学生提升诚信之美。教育家陶行知先生曾说过"千教万教教人求真，千学万学学做真人"。新时代的大学生是诚信之花的花蕊，应进一步提升审美意识，用一生去守护诚信之美。

3. 有利于培养大学生友善品质

用中华优秀友善基因厚植青年学生友善价值观的培养，有助于大学生树立正确的社交理念，构建良好的、多层次的人际交往圈。教师可以多用现实生活中见义勇为、善人善举的"美"来激励大学生向上向善。善举是友善的深刻体现，是人间大美的展现。

（三）有利于大学生树立正确的人生理想

理想信念是人类文明所独有的精神标志。追求远大理想、坚定崇高信念，是大学生健康成长、成就事业、开创未来的前行动力。新时代大学生的人生理想理应是，与党和人民一道，将个人理想与实现中华民族伟大复兴的中国梦相结合，将实现中国梦作为自身最高的奋斗目标。

中国梦是华夏儿女共同的理想，是建立在社会主义发展运行规律下，结合中国社会发展实际的合情合"理"的"想"，是基于"实"干的基础上的。可以说，中国梦既是全民族共同的理想，也是每个中国人的梦想。光"想"不"干"等于空，在"想到"和"得到"之间是"做到"；将"想"付诸"干"的实践上，就构成了理想与实干的辩证统一的美的逻辑关系。审美教育可以引导大学生追求一种美的理想状态，实现理想的超越性，进而实现人生梦想。从社会主义核心价值观的培育到人生理想的树立，审美教育都起到不可复制的作用，这正是一名大学生应具备的基本素质，也是其实现梦想的前提基础。

二、有利于贯彻落实全面发展的教育方针

（一）有利于培养全面发展的人才

我国全面发展的教育方针是培养德、智、体、美、劳全面发展的人才。德、智、体、美、劳是一个系统的工程，美育是实现人的全面发展的不可或缺的一部分。西南师范大学教授赵伶俐通过研究发现，美育教育对大学生的人生价值观有显著的积极影响，能够通过培养健康的审美情趣来提高大学生的思想道德修养。

美育的形象性这一特点有助于开发大学生的形象思维，培养大学生的创造性思维，提高大学生的创新创造能力。美育教育强调理论与实践相结合，注重实践的重要性；能够改善重视理论知识学习，忽视学生实践现状，提高大学生的实践能力，做到理论与实践相结合，提高学习者的动手能力。对美的追求能够鼓励学生积极参与体育锻炼，提高学生的身体素质和免疫能力，塑造健美的体型。美育的愉悦性这一特点能够陶冶人的情感，给人在审美的时候带来精神上的轻松愉悦，帮助协调人的情绪，疏导不良情绪，促进大学生的心理健康发展。经过长期美育熏陶的人会形成一种完满的心理结构。美育教育能促进感性和理性的和谐发展，塑造健康完善的人格，实现人性的完整，最终实现人的自由发展。高校美育教育体系的构建有利于贯彻落实德、智、体、美、劳全面发展的教育方针。

（二）有利于激发学生的创新功能

这里所指的创新功能主要分为两方面，一方面，通过美的事物增强大学生的审美创造力，更新大学生生命的活力；另一方面，开发大学生的大脑潜能、引导大学生的探索能力，培养和发展大学生的想象力，从而激发大学生的思维创新能力。

1.对大学生审美创造力的培养

高校美育思想政治教育的激发创新功能体现在对大学生审美创造力的培养上。高校美育培养审美创造力即是通过社会、艺术、自然等美好事物的感染，使大学生按照美的规律表现与创造个体生命活力的一种能力。德国思想家歌德认为创造力的实质是生命的活力，美国著名社会心理学家马斯洛也提出"自我实现的

创造性"的理论，一个全面发展的人除了具备德、智、体、美、劳以及各种能力外，还应具有美的人格，成为充满活力、尽善尽美的人。一方面，大学生在美育教学和审美实践活动中能够逐步地提升审美素养和审美判断能力，从而明辨美与丑的本质区别，进而树立起崇高的审美理想，以美的形象来建构生活；另一方面，高校美育作为人文素质教育，尤其关注大学生个体的成长，旨在培养大学生健康的审美观念以及欣赏、体验和创造美的能力，使大学生在审美的创造过程中感受愉悦并享受生命的价值。所以，审美创造力实质上是指激发和丰富大学生的个体生命，促成大学生审美心境的形成，使大学生以艺术的、审美的生活态度对待生活、观照人生，从而实现大学生生命的完美。

2. 对大学生思维创造力的培养

高校美育思想政治教育的激发创新功能体现在对大学生思维创造力的培养上。当今的社会是以创新引领社会发展的时代，创新是加快社会发展和提升综合国力的战略支撑，教育的目的并不局限于发展智育。著名物理学家爱因斯坦就认为想象力比知识更重要，因为想象力是推动知识和社会进步的源泉。一方面，高校的审美实践活动因其特有的形象性和可观性能够引起大学生的求知探索欲望，激发大学生的主观能动性，引导大学生形象地认识事物，进而不断唤起大学生对事物的遐想，完善大学生的思维方式；另一方面，高校美育作为感性教育着眼于促进大学生的自由发展、激发大学生的生命活力，具有解放意识作用。因此，在审美活动中，大学生的身心得到了自由自觉地发展，缓解了外界事物对大学生产生的心理压抑和束缚，从而不断使大学生的思维得到激发，并能够保持旺盛的创造力。在这个过程中，大学生的思维能力得到了激发、潜能得到了释放，从而激发出大学生的创造创新能力。

（三）有利于全面提高高校育人水平

高校美育教育体系的构建能够充分发挥美育的综合性，促进美育与其他学科相互融合，有利于实现跨学科结合，拓宽大学生的知识面，打破大学教育过于专业化的弊端，满足大学生在成长中全面发展的需要。美育教师应将美育融入各学科的教学中，借助美育思维转变教学方式，保障学生在学习中的主体地位，丰富各学科的实施途径、教学方式和课堂内容；还应改变传统的单一僵化的课堂灌输方式，转变学生的学习态度，改变学生在学习中的被动地位，使学生在学习过程中由被动方转变为主动方，提高学生的学习积极性。

美育的非功利性可以净化大学生在学习中的功利性，模糊学习的功利性目的，使大学生能够更为纯粹地感受学习知识所带来的个人满足感和幸福感，提高内在的学习动机。对美的感知是多方面的，敏锐的审美耳目、充沛的审美情感和健康的审美灵魂，都需要专门的、系统的、分级分类的培养和陶冶。美育教育体系化能够增强学生五官的感受力，提高学生学习的驱动力，提高地方高校的育人水平。

第二章　中外美育思想发展脉络

高校美育思想不是无源之水、无本之木。从古至今，从东方到西方有许许多多哲学家、思想家、教育家对美育做出了卓越的贡献。对美育思想的历史发展脉络的梳理有利于把握美育发展规律，为高校美育思想提供养分，促进新时代高校美育教育的发展。本章分为中国美育思想的发展历程、西方美育思想的发展历程两部分，主要包括古代美育思想的发展历程、近现代美育思想的发展历程、当代美育思想的发展历程、西方美育思想发展历程分析等内容。

第一节　中国美育思想的发展历程

高校美育思想的一个重要来源就是中国美学思想。中国古代虽然没有专门论述美育的专著，但从古圣先贤的著作中依旧可以找到许多关于美育的论述。从古至今，中国人从来都没有停止过对美的追求，中国古代哲学思想体现出光辉灿烂的美学思想。在对我国美育思想的研究和挖掘中可以发现，许多优秀的中国美育思想能为新时代高校美育提供借鉴，在提升新时代大学生的审美能力的同时还可以弘扬传统文化，提高我国的文化软实力。

一、古代美育思想的发展历程

中华民族有着悠久的历史，在浩瀚的历史长河中沉淀着美育思想。完整的礼乐制度、交相辉映的百家争鸣、辉煌灿烂的唐诗宋词、龙飞凤舞的书法丹青，这些优秀的传统文化都向世人展示着中华美学的韵味。

（一）先秦时期

商周时期，礼乐制度的出现体现了人们对精神生活的追求。当时的统治阶级宣称礼乐制度来源于"天"，是天的旨意，皇帝是"天之骄子"，君权"受命于天"。

礼法文化的植入使得这一时期的美育内容含有浓重的神学色彩，如图腾崇拜、祭祀舞蹈等，都带有神秘庄严的色彩。

周王朝官学要求贵族学生掌握六种基本才能：礼、乐、射、御、书、数，即所谓的"六艺之教"。"乐"就是音乐，属于美育；"书"为书法和记录，也有美观的要求；"射"要求技术的熟练和动作的美观大方；"礼"教导人们懂规则、守礼法，都含有美育的成分。教育家蔡元培曾说："我国古代文化，以周代最可征信。周公的制礼作乐，不让希腊的梭伦。"其中，"礼"是六艺中最为重要的内容，足可见在当时，礼法文化有多重要。教育是为满足社会需要而诞生的产物。"六艺"之教的内容基本满足了当时社会对于美育的需求。礼乐制度不仅维护了西周时期的统治，也维护了社会秩序的稳定，更影响了很多儒家思想的理论。

春秋战国时期，周礼已经发展到了崩溃的边缘。面对礼崩乐坏、战乱频发的社会现状，孔子提出了以"仁"释"礼"的策略。孔子希望通过天下儒家的努力恢复周礼。儒家思想强调美的伦理价值，要求审美需符合礼教与社会秩序。《论语》曰："何为五美？"子曰："君子惠而不费，劳而不怨，欲而不贪，泰而不骄，威而不猛。"就是要求人们要以温柔敦厚、中和敛欲为美，注重内心修养，反对个性情感的张扬。儒家思想十分重视美育的道德意义，反复强调艺术审美与人格修养的密切关系；突破周王朝的教育局限，把"有教无类"的贵族教育推广到普通社会，设立私学，使得受教育、享受艺术不再是贵族的特权。

如果说儒家倡导礼乐教化的美育方式，老子则更加强调"自我育化"的"无为之教"，这与儒道两家的哲学思想差异有关。《老子》第十九章中提到的"绝圣弃智""绝巧弃利"正是无为之教的鲜明体现。老子主张的是"大音希声，大象无形"，其所主张的美是超越感性和经验的审美体验。刻意的礼乐教化对主体的审美人格塑造起到了阻碍作用，而真正的美是"道"，是近似于"无"的美的本体，并非刻意命名、定义或划域的美，是超越世俗的审美态度和价值的本体。老子对于审美和美育的功能是单纯寄宿于主体之内的体验，而不是用来进行政治、社会或者道德教化的工具，越是刻意为之，越脱离了关于美的本真的认识与体验。老子主张允许每个人都能依照自己的需要去发展自我的禀赋，也就是说，允许个人人格和个人愿望的充分发展，但以不伸展到别人的活动范围为限。由此，老子对于美与美育的洞见确实根源于道家"有所为而无为"和"静虚"的哲学本原。

　　对此，应当辩证地看待老子的美育思想。一方面，老子对于美的认识和美育的功能加以否定，对于比较研究先秦时期的儒家道家美育思想具有一定的意义。同时，忽视美育的社会功能确实将美育桎梏于片面和独立的自体之中，影响了美育的进一步研究；另一方面，老子对于美育的自我体验和自我育化，是对主体宏观审美体验的一种启发，其美的独立性主张也给予我们些许启示。

　　庄子作为老子思想的继承人和道家思想的发展者，在老子的基础上对美育有了新的思想。庄子承认美是几近于道的存在，在强调"心斋""坐忘"等审美体验方式的同时，将儒家"仁义""礼乐"与"道"进行了融通。这体现在《庄子》一书中对于"圣人""神人""真人"的描述上，最终通过仁义的要求走向"天人合一"的审美境，这是庄子理想人格的审美境界。徐复观先生在《中国艺术精神》中提到："庄子所要求、所待望的圣人……如实地说，只是人生自身的艺术化罢了。"在这一方面，庄子对老子既有所继承也有所超越，将道家"无为"的审美要求和审美人格与儒家的圣人修养合而为一，这是庄子所探索的美学境界。在此基础上，庄子通过"心斋""坐忘"来追求审美的获得和教育，这是有别于儒家的独特的审美人格培养方式。通过以"无"为核心的道家哲学思想来阐释审美与美育影响了中国的艺术精神，包括中国传统音乐的"空灵"、中国山水画的"留白"，凸显了属于中国审美精神的"守静"和"空独"。

（二）汉代经学与魏晋玄学时期

1. 汉代经学时期

　　汉代经学时期的主要代表作品为《人物志》和《世说新语》，下面将对这两部作品中的美育思想进行具体阐述：

　　《人物志》是汉代刘劭的一部品鉴人才的玄学著作，在儒道两家思想的汇通下对品辨人才的思想具有开历史之先河的意义，在其总结的人才观的基础上，体现出丰富的美育思想和人本色彩。即便有学者认为《人物志》充满了功利主义色彩的美育观，但其注重主体的个性特征在社会美、人物美的认知方面也起到积极的作用。首先，《人物志》注重人物美的个性特点以及内在美与外在美的统一，呼吁主体个性与主体价值形成的联系，在人物美的内在和外在方面强调"形神"兼备。《人物志·九征》提道"情性之理，甚微而玄，非圣人之察，其孰能究之哉。"以外观内、内外统一的原则强调从九个方面对人的品德能力进行考察，注重个体外貌神态的协调与内在品行的美的统一；其次，《人物志》强调特定历史时期的人物美和英雄与超奇的人物审美观，"聪明秀出谓之英，胆力过人谓之雄。"

在汉魏乱世中，英雄辈出、群起纷争，刘劭对于超越儒家君子和温文尔雅的普世形象有很多的描写，所倡导的是乱世中具有独特性格和超然品质的人格美，这是对特定历史时期的人物美的重新塑造，也是对汉代"罢黜百家、独尊儒术"的间接反抗。不仅如此，在此基础上，并不是欣赏"莽夫"一般的人物特点，而是在主体美的培育上主张"中和"在《流业》篇谈道："若道不平淡，与一材同用好，则一材处权，而众材失任矣。"此处也恰恰反映了其中道家思想的影子。

如果说《人物志》是注重人物美领域和人本身审美培养的开篇，那么《世说新语》则更加深入地对人物美以及人生审美境界做了探讨。虽然《人物志》是对汉末、三国士族阶层的逸闻趣事的记载，但是其对人物美的考察，体现在《德行》《容止》《品藻》等诸多篇目中。在人体美方面，《人物志》强调，无论男女都对自我和他人容貌具有一定的审美需要。《容止》还记载了庾亮风姿神貌的端庄得体，给人以第一印象的好感，从而化干戈为玉帛的故事，反映了外在形象对内在精神的体现。此外，在风度气质上，《人物志》体现了"自然的人化"思想，以自然之美比拟人物之美，表现出人与自然和谐的审美观，并据此强调文人名士的内精神与外气质的合一，"嵇康身长七尺八寸，风姿特秀，见者叹曰：'萧萧肃肃，爽朗清举。'……山公曰：'嵇叔夜之为人也，岩岩如孤松之独立；其醉也，傀俄若玉山之将崩'。"可见《世说新语》体现出当时的社会审美风尚。

在人生境界上，《世说新语》将人生意义更多地转向艺术存在之中。例如，我们熟知的"竹林七贤"酣畅淋漓的人生态度、放浪形骸的审美追求。而在审美教育上，《世说新语》则强调育美的方式，"白雪纷纷何所似，撒盐空中差可拟"就是极好的例子。这样一种教育方式恰恰体现出《世说新语》在教育上对于美的本质的回归，体现了教育的诗情画意和寓教于乐的美的手段。这也是美育教师在高校美育教育中应该借鉴和学习的重要方面。

2. 魏晋玄学时期

魏晋时期，各个政治集团都是靠武装力量起家，权势和财富都是靠在战场上的厮杀换回来的，尔虞我诈、战争频发，致使社会动荡不安。政权更迭频繁，文人时常因朝堂之争而命丧黄泉。这使得依附于各政治集团的士大夫阶级时时惶恐不安，担心自己被卷入纷争中遭遇不测，转而逃避现实，追求清静玄远的精神境界和避世隐居的生活。这种追求是对堕落世风的否定。他们愤世嫉俗，谈玄审美，追求平静，提倡清心寡欲，与现实针锋相对。

魏晋时代是儒道思想相互融合的时代，玄学的诞生使得儒学从"官学"的位置降落下来。在此时期，嵇康和阮籍的美育思想具有很大的影响力。嵇康关于"声无哀乐"的思想是一个重要的论域。嵇康讲道："声音自当以善恶为主，则无关于哀乐。哀乐自当以情感，则无系于声音。"这与儒家《乐记》中的思想是截然相反的。嵇康认为，音乐只是音乐，只有好坏之分而与人的喜怒哀乐等情感无关，这实际上回归于对音乐的探究，即注重对音乐本体论的研究。嵇康并非完全反对儒家音乐的社会教化作用，而是倡导客观、理性地分析音乐的作用，而非将其功能夸大化。五音即声响，由于搭配和排列而形成和谐或不和谐的音程关系，其本身并非情感或欲望，只是评判者和欣赏者由于个人经历或所处环境的影响使之成其哀或乐。正如嵇康所述："人情不同，各师其解"，这是嵇康对于艺术美和音乐美认识论上的剖析。以此为基点，嵇康强调了对审美主体的和谐心境的培养。虽然音乐本质是不同音高的声响排列，但是审美主体如果要客观评价音乐并且形成审美音乐的能力，则需要培养一种以"和"为追求的审美心胸，一方面是对于音乐和谐音响的鉴别能力，另一方面则是主体内心心境的自由和和谐境界。只有如此，主体才能对音乐进行审美，并以此进行情操的陶冶和人生境界的升华。

同为"竹林七贤"的阮籍在音乐审美教育方面弥补了嵇康的不足，其所著《乐论》也是一直围绕音乐"移风易俗，莫善于乐"的社会功能问题展开的。对此，阮籍继承了嵇康对"和"的观点，并且要求音乐有"天地之和"的状态，即旋律和节奏的和谐，只有如此才能对审美个体的内心起到和谐影响。总体而言，阮籍在嵇康的基础上更加强调音乐美育的社会功能；在其本体上，阮籍则在嵇康以"和"为本的思想上进行了深入的解释。

魏晋时期，随着本土与外来宗教的发展，不少文坛大家开始汇通儒、释、道三家的哲学思想，刘勰所著的《文心雕龙》作为中国古代文艺美学的标杆之作即是典型代表。儒学、道家和佛学哲思汇合的焦点便是对美育功能的阐说。在儒家方面，刘勰传承了"圣""明""哲"之间的联系，在《征圣》中说道："作者曰圣，述者曰明，陶铸性情，功在上哲。"

在文学艺术的传播和发展上，刘勰肯定了著者与述者通过文学艺术的书面载体给人带来的境界提升，并且充分肯定了古代文论对于主体和社会的教化功能。在道家思想方面，刘勰在《原道》篇中记载"道沿圣以垂文，圣因文而明道。"这里的道并非儒家所言的道德，而是道家思想自然哲学中的本原。刘勰基于道家"天人合一"的核心思想，阐述了自然与人的和谐同一，高度肯定了文学艺术对于主体感悟的自然之美、顺应自然规律所起的作用。

此外，无论"天道"或是"人圣"，二者之间的"度"便在于"文"。这里的文主要是指中国古代的优秀文艺作品。正是在"文"的沟通下，主体才可以感悟天地之理，提升人生境界，感悟审美人生，阐明了文以载道的文艺美学观。

（三）唐朝儒释道并存时期

唐朝是中国封建社会最繁荣的时期，政治、经济、文化、艺术都得到了飞速的发展。唐太宗对文化、艺术、教育的重视致使之后的高宗、武则天、玄宗、宪宗、穆宗、文宗、宣宗等都对诗歌、音乐、书法等艺术有极高的追求。统治阶级的重视、经济的发达、政治的开明与文化的开放为人们爱美、追求美提供了自由的美好天地。文学艺术不再是贵族的特权，而更多的是与大众紧密地联系在一起。人们逐渐形成自己的审美价值观。儒释道并存，本土文化与外国文化相互融合，既显示出大唐盛世的自信和气魄，也有利于中国文化走向世界。

（四）宋明理学时期

宋朝与汉唐、明清相比，无论是国土疆域还是综合实力方面都稍显逊色。但在文化、科技领域对后世产生了深远的影响。享誉世界的中国四大发明——"造纸术、火药、指南针、印刷术"，除造纸术以外，其他三样都来自宋朝。这时儒学的复兴和儒释道的进一步融合，促进学术思想有了新的发展——理学诞生。

宋明理学是中国传统哲学思想中影响久远的流派。"北宋五子"为周敦颐、邵雍、张载、程颢和程颐，他们以探究"道体"为核心，以"穷理"为精髓，以"修齐治平"为己任，儒道兼修，虽有师承关系，但是各相迥异。他们对于美育的研究主要在于伦理人常方面，更强调主体本身的审美塑造和人格培养。

周敦颐侧重伦理的美以及强调美育对于人格的培养作用，包括"以诚为本"和"孔颜乐处"两个核心思想。在他看来，美与人本身的人格素养是密不可分的，

"仁、义、至公"最终都归结于"诚"。在《通书》中，他提道"诚者，圣人之本。"要成就圣人人格之美就必须要达到"孔颜乐处"的自我明智境界，注重精神需求和精神审美，削减对物质的贪恋，实际上这正是一种超越功利主义的人生境界。只有如此，个体才可以不断提升自我人格的修养，从而自我实现"诚"的内在要求，成就圣人之德。

邵雍强调"反观"和"明心见性"。"反观"是对客观存在的客观反映，实际上是从实践到认识的过程，在认识的阶段对自我进行反思，通过"反观"的过程来达到"明心见性"的境界，也就是正确认识自我的境界。当主体成就"明心见性"便可以达到"至乐"的人生境界，这种"反观"到"明心见性"的过程与主体的审美活动具有同构性。一方面，"反观"的过程与审美主客观统一性具有内在的联系；另一方面，"明心见性"强调审美主体抛弃功利眼光从而发现审美本质的过程。

张载倡导"冲内形外"的方法，是对孟子"充实之谓美"思想的继承与发展。《张载集·正蒙·中正》中这样记载："可欲之谓善，志仁则无恶也，诚善于心之谓信，充内形外之谓美。"在张载看来，充实在于不断打磨人格，提高品行修养，使自己有较高的道德境界和人生境界，这只是人生道德境界美的一方面，同时还要将内在的素养进行外化，将其表现出来，由此可见，张载对于人生的审美态度在于内外的和谐和同一，充实自我的内在修养，外化为行为规范，以此才能成就圣人"为天地立心、为生民立命、为往圣继绝学、为万世开太平"的事业。因此，主体的人格美在张载看来就是成就人生并且奉献于社会。

程颢和程颐二人从"存天理灭人欲"和"作文害道"两方面反映了二者的美育观，而后者从一定程度上消解了美育的功能。他们认为"理"是一种实体，具有最高准则，而人欲则在一定程度上突破了天理的规则。《粹言》中有这样一段描述："天理之不存，则与禽兽何异矣。"二程在一定程度上反映了宋明理学的核心思想。除此之外，还有"作文害道"的思想记述。在《二程集·遗书》中有这样的记载——"问：作文害道否？曰：害也。凡为文，不专意则不工，若专意，则志局于此，又安能与天地同其大也。《书》云：'玩物丧志'，为文亦玩物也。"从"天地同其大"可以看出二程的道家思想的影子。对于"作文有害"，二程也认为应该做到无为之地。在二程看来，美育在于自我的人格修养提升，而非通过艺术的创造与发展来进行审美教育，这在一定程度上是对美育的消解。

以"北宋五子"为代表的宋明理学美育观在融合道家对内修养与对外价值贡献的基础上，主要倡导主体的人格塑造。对于美育的外在要求与载体没有进行研究。在这一阶段，美育的研究回到了自我育化的阶段。

（五）明末清初启蒙时期

王夫之是明末清初的哲学家，对中国传统哲学的贡献极大，这其中也孕育着美学思想和美育观，包括审美的功利性、自然美的本体论认识、人格美的表征、音乐的社会存在本质等方面。

1. 自然美的本质是神，人美的本质是精

在王夫之看来，自然美的本质是神，人美的本质是精。二者之间存在沟通和联系。人作为自然存在物，一是基于自然界才有了人类社会，因此，在人对于美的认识上要先从对自然美的体悟和感知中获得。在这一点上，王夫之的美学思想具有一定的辩证性，但是将一切美归于"天道"的获得，表现出一种客观唯心主义的思想；二是王夫之在对美的认识上强调内外统一，在《船山全书》第十二册中这样记载："绘非异色，则文不足以宣。故礼以人之情而著其美。酌其事之异而损余补不足也。"这里阐释了形式美的择取要依据内容美的变化而变化，与西方现代派建筑的"形式追随功能"的美学思想类似。在这一点上，王夫之实际上已经隐约显露出了对美主客观统一性质的看法。

同时，王夫之进一步探讨了审美的感性与理性的统一问题，认为二者要和谐，不可以偏概全。同样在《船山全书》第三册中王夫之记载："苟其食鱼，则以河鲂为美，亦恶得而弗河鲂哉？苟其娶妻，则以齐姜为正，亦恶得而弗齐姜哉？"这里体现了多样与统一的美的原则。因此，王夫之在对美的认识上强调的是感性、理性和谐以及多样统一的调和，这一思想与席勒所述"若要把感性的人变为理性的人，唯一的路径是先使他成为审美的人"有相似之处。在美育方面，王夫之主要继承了前人的思想，认为美育的主要功能是对人格的培养和人生境界的升华，"圣人以诗教以荡涤其浊心，震其暮气，纳之于豪杰而后期之以圣贤，此救人道于乱世之大权也。"这凸显了文艺美学对于人本身的育化作用，借此说明了美育对于巩固社会稳定、推动社会发展的重要作用。

2. 人的外在形象与内在素养的统一

王夫之在上述思想的基础之上，谈及了人的外在形象与内在素养的统一问题，认为人的内在修养必然体现于外在形象之上，外在仪容也必然反映了精神气质。在《四书训义》第四卷中有这样的描述："修之于己，而必求其可观；施之于人，而必求其相得。"《朱子语类》第十三卷中也记载"容貌辞气，乃德之符也。"通过内外的和谐同一，王夫之的人格美和人体美范畴是辩证统一的，即：德性到气质再到外貌形象即是形式逻辑的过程，也是辩证逻辑的联系与统一。

3．"克己复礼"和"兴观群怨"

王夫之在审美教育方面还传承了孔子"克己复礼"和"兴观群怨"的思想。对于前者，王夫之在此基础上引入了"威仪"的概念，认为礼是建立"威仪"的必要基础。只有当个人具有"威仪"时才能进一步体现才能和自身的美。对于后者，他丰富了"兴观群怨"的思想，从审美心理和审美特征两方面对该思想进行了新的阐释。简要说明，即将审美情感与"兴"相联系，将审美认识与"观"相联系，将审美沟通与"群"相联系，将审美批判与"怨"相联系。总而言之，最终将"兴"回归于审美教育的统括。可见，王夫之对于前人思想的总结与延伸具有极大的贡献。冯友兰先生认为："王夫之的贡献是旧时代的总结。"

二、近现代美育思想的发展历程

（一）发轫期

1．美育问题的提出与思想传播

（1）西方美育思想启蒙与美育救国时代背景

近代美育思潮的萌芽基于以下三方面的背景：一是近代中国社会由封建社会向近代化社会转型的历史背景；二是内忧外患、国人呼唤救亡图存、教育救国的时代背景；三是西学东渐、西方文化引入的学术背景。

近代中国社会由封建社会走向近代化社会的历史背景，为美育的理论传播与践行提供了政治基础。中国近代化的发展始于1840年，中国近代化的发展历程是中国人寻求民族独立的过程。自19世纪60年代开始的洋务运动，促进中国人学习西方的社会思潮。但"师夷长技以制夷"的思想，并没有使中国摆脱落后挨打的局面。

中日甲午战争的落败，使得中国人意识到国家要想进步，必须学习先进的政治制度与思想文化理论，以从根本上使中国摆脱落后。1898年，以康有为、梁启超为代表的资本主义维新派展开了一场政治改良运动，史称"戊戌变法"。戊戌变法在诸多方面进行了改革，最主要的部分是文化教育改革——废八股、兴西学，改书院为学堂，派遣留学生，设置译书局，奖励科学著作与发明。这些措施的实施使得中国社会有了政治制度上的革新与思想文化的升华。

近代美育兴起的理论基础是近代西学东渐学术背景下西方美育思想的启蒙。19世纪末至20世纪初，中国近代社会处于内忧外患、民族危亡的情形之中。面对国破家亡的社会现实，有识之士开始积极地学习西方的自然科学与社会科学的知识。在当时救亡图存的时代局势下，教育救国的思想受到关注，以席勒为主的近代西方美育思想成为当时影响重大的思想。有关其著作的译介以及其思想的传播迅速发展，在中华大地上掀起了美育的浪潮。其中，维新运动代表人物康有为和梁启超对美育给予了热情关注。他们二人在吸收西方美育思想的基础上，结合时代背景，提出了自己的美育主张。而美育思想中对于音乐美育的接受，为后来王国维正式提出音乐美育并确定音乐美育的独立地位产生一定的影响。

（2）西方美育思想的传播

王国维在1901年至1906年期间陆续写下《汗德像赞》《汗德之事实及其著书》《汗德之伦理学及宗教论》等数十篇文章来系统地介绍康德的美学、哲学思想；在《教育世界》上发表了《德国文学家格代希尔列尔合传》《教育家之希尔列尔》两篇文章，详细介绍希尔列尔（席勒）及其美育思想；在《孔子之美育主义》一文中引用了康德、叔本华、席勒的美学观点；《霍恩氏之美育说》中分析了美国教育哲学家霍恩（Horne）的审美教育观。王国维对国外美育思想的译介与研究扩大了国外美育思想在中国的传播，引发更多学者对"美育"问题进行了解和探讨，推动了中国美育思潮的发生发展。

但是，王国维等人在这一时期的美育研究较零散，还没有形成系统的美育理论，也没有进行相关的实践探索，只是对美育的范畴、目标和社会功能有了初步的探讨，在价值目标上将其视作涵养德性、开发智力、培养"完全的人"的手段之一，其影响范围也有限。因此，19世纪末20世纪初的美育思潮仍处于稚嫩状态。

2.代表人物的美育主张

（1）康有为的美育思想

戊戌变法失败后，康有为走出国门游历日本、美国等国家，发现了深藏在资本主义社会光鲜外表下的鄙陋。在对封建社会的腐败与资本主义社会不堪的双重失望中，康有为于 1902 年写下了《大同书》，描绘了一个美好的社会图景。在康有为的理想世界中，人必须从小接受美的教育、美的熏陶，只有拥有美的品质的人才是理想世界的理想人。

在《大同书》中，康有为从环境美、教师美、学习内容美这"三美"的角度出发论述了自己的美育观。

第一，环境美。康有为认为，胎儿在女子腹中时就应当为其营造好的环境，人本院、育婴院要选择依山傍水之处；小学院要远离酒宴、墓葬、市场等纷杂幽暗之所；中学院、大学院要有藏书楼、实验室、宿舍楼、食堂等设施。

第二，教师美。教师之美是培养人之美的关键，人本院的管理者应当选举仁慈智慧之人；孕妇要做到和平中正；育婴院看护要选静细慈和而有耐性的女保；小学院管理者及教者要有教者和慈母的双重身份；中学院重德性培养，应当选择贤达而有德性之人；大学院重智力培养，故重专学之能，选专科之师。

第三，学习内容美。胎儿期每天都有女师讲伦理道德和仁爱故事以涵养孕妇心性，孕妇所读之书、所听之音、所见之事皆要能养性情、发神智；婴儿期要用仁爱、慈祥之事以养婴儿仁心，婴儿能唱歌时要以各种仁爱之物教其歌唱以养其心；小学以"养身健乐"为主，可以将仁爱之事编入图画、手工、歌诗中，以养儿童心性、感动其心；中学院因音乐具有涵养性情、丰富想象力、调和气血的功能，可用音乐制订礼仪，使人行事有度，故以乐育德；大学院以开智为主，但也重德性，因此，"每日皆有歌诗说教，以辅翼其德，涵养其性"。

总的来说，康有为的美育观念仍然反映出受到中国传统的礼乐文化思想的深刻影响，认为"美"是为开智、培养德性服务的，所有美的环境、美的教师、美的课程都是为了涵养性情、辅助德性发展，为了养成儿童的仁爱之心。其先进性在于，康有为吸收西方优秀的教育思想，认为"歌唱"可以养心，以美育德，构建真善美兼具的大同世界。

（2）梁启超的美育思想

早在 1902 年，梁启超发表《新民说》，发起了一场轰轰烈烈的"新民"运动。梁启超认为，戊戌变法之所以失败在于民智未开、民德未立，要想救国必须去除奴隶性，改造国民性和培养适合在民主共和、自由平等的新型国家生存的新民就是救国路上最为迫切的任务。梁启超的美育观就是建立在他的"新民说"基础上的。

梁启超的"美育"可以用"趣味教育"来代替，实质上是一种情感教育观。"趣味"是人的一种情感表现，且是一种具有真、善、美三性的情感。他从美的内涵、趣味的必要性、趣味的源头、趣味教育工具四个角度进行阐释。

首先，梁启超认为"美"是人类生活最重要的要素，且又自答道："生活于趣味"，故可以将他的美等同于趣味。

其次，他将失去了趣味的生活比作"挤得紧紧的石缝""带着枷锁的监牢""干透的沙漠""没有血色的蜡人""干枯的树"。他认为没有趣味的生活不能称为生活，美对于生活是必不可少的。但是，趣味的范围是有度的，需要瞒着他人的趣味，以他人的痛苦为快乐的趣味，快乐与忧愁相间的趣味都不能称为"真正的趣味"，或者最多可以称为"下等趣味"。

再次，梁启超认为趣味的源头有三：一是自然环境。自然之美可以缓解一切的疲劳与痛苦，云卷云舒、朝霞日落，只要领略其美便可沉浸其中、忘却忧愁，过后想起来仍旧觉得感叹，以此便得趣味；二是心态。将快乐分享，快乐会加倍，将痛苦倾吐，痛苦会缓解。各人有各人能感受到快乐的方式，用该方式便可得趣味；三是期望。在平凡枯燥的生活中对未来抱有期望，幻想一切想要得到的便也能得趣味。

最后，梁启超提到趣味教育工具，即使人对美的感觉愈发敏锐的工具有文学、音乐、美术三类。教师要能在人之趣味最浓厚的幼年、青年期给学生以正确的引导，指引他们学会能够受益终生的获得真正趣味（高等趣味）的方法。该方法被梁启超寄托在艺术教育之上。梁启超认为，艺术作品蕴含了艺术作者对于美的感悟及其个性情感，学会掌握欣赏感受艺术作品就能够渐渐领悟美之所在。

梁启超指明了情感教育发扬善、压制恶的目的，肯定了"美"之于生活的重要性，将美拉下了神坛，使人人都能触碰得到；同时又将美的情感教育的重要性立在了云端，将人的精神转变放在了教育的领先位置，力求将国民从社会、政治、经济的压迫中解救出来。

梁启超在文章中很少用"美育"去表达他的美育思想，多以隐晦的方式表达其对于美的情感的理解，多以"趣味""情感"的字眼出现。与王国维、蔡元培等人的美育文章相比，可以看出，作者的哲学、心理学、教育学等专业理论底蕴不同。梁启超的美育文章更加生活化，其解释、分析、比喻用词都更加贴近生活，更易于理解也更易于传播。尤其是他对教育方法的"趣味"的提倡，对教育有着深远的影响。

（3）王国维的美育思想

在美学领域，王国维是我国近现代美学领域的先驱者，是中国美学思想的启蒙者，也是中国美育研究的首倡者。王国维美学思想的形成和发展，一方面离不开他对中国古典文化的传承，主要是儒家和道家思想；另一方面来自他对德国古典美学思想的吸收和转化，主要来自康德、席勒的美学思想。王国维并非照搬西方古典美学思想，将其生硬地嫁接到我国的传统美学思想文化中，而是取其精华，去其糟粕，融汇中西，开辟了我国近代美学研究的先河，形成了独具特色的美学研究体系，其美学研究是一个较为庞大的学术体系。在传统礼乐与西方思想的双重影响下，王国维提出了"美育即情育""无用之用"等的美育观。

"教育之宗旨何在，在使人为完全之人物而已……教育之事亦分为三部：智育、德育（即意育）、美育（即情育）是也"。在他看来，"完全之人"必不可少的三德之一的"美"是感情，只能通过美育得以实现。王国维在《去毒篇》中指出社会愈发衰败的原因是国民没有希望，用一句话概括："其原因存于感情上而已"。因此，他试图用美育来陶冶国民之情操，树立民族之精神，挽回因社会动荡而导致的颓唐之势。

王国维吸收了道家的超越思想和康德的"美无功利说"，提出了"无用之用"的理念。他主张审美主体的独立自由，肯定审美目的的非功利与无用的纯粹。但与此同时，王国维也深受儒家礼教和席勒美育观的影响，肯定了美育的社会作用，看到了美育对于人的身心发展的功效。他的"无用"即"有用"，且有"大用"。

"美术者，上流社会之宗教也。"王国维在 1906 年首次提到了美术与宗教的关系，为蔡元培的"美育代宗教说"提供了思想基础。他肯定了美术的现实意义，认为美术之教化远比宗教对未来虚无缥缈的寄托要实际得多，对于现实社会中的人更能给予感情上的慰藉。

王国维在 1903 年至 1907 年期间，曾在江苏南通、苏州两地的师范学堂担任教习，积累了一定的教育教学实践经验。他将学校音乐教育作为实施及推行美育的重要手段之一。1907 年，王国维发表《论小学校唱歌科之材料》，将音乐学科与美育联系起来，拉开了关于美育与学校音乐教育之思考的序幕。他提出设置音乐科的目的是："一调和其感情，二陶冶其意志，三练习聪明官及发生器是也。"他认为应当明确且重视调和感情、发展官能，这是音乐科的本体与首要功能，陶冶意志则为次一等的修身功能。"唱歌科……保其独立之位置欤"，他极大地肯定了音乐学科的美育独立价值，有着先驱性的意义。王国维对音乐教育所能使用的曲调和歌词提出了具体的要求，有一定的指导意义。

3. 该时期代表人物对美育思潮形成的作用

康有为、梁启超、王国维等人作为美育思潮的发起者，对中国教育近代化进程的推动作用是巨大的。处在新旧思想交替之际，三人的美育观念受到了传统和外来两方的影响，实为新旧观念结合的产物。三人都肯定了美育的必要性，引起学术界更多的思考，同时也都将美育与德育、智育相联系，不同程度地解释其社会作用。将美育作为培养"新民"的手段这一观念的植入，在教育思想界引起关注，为美育思潮的发生发展起到了催化作用。

因为他们的身份、经历等的不同，所以他们对美育的理解和美育观对社会的影响也略有不同之处。康有为认为，只有"美的人"才能开智培德，肯定了美育对于辅德的作用。他建设性地指出了胎教的重要性，注重在包括胎教在内的各个阶段都进行美的熏陶和培养，拉长了美育的教育年限；另外，还要求不仅要利用音乐等进行美的直接教育，还对环境美与教师的德性美都做了具体要求，在丰富了美育手段的同时也肯定了音乐教育的美育价值。

相较于康有为培养学生道德的美育观，梁启超的美育思想体系则建立在培养国民素质的教育目的之上。其美育思想主要集中在"情感教育"和"趣味教育"的论述中，情感教育和趣味教育的宗旨都是改造国民素质、塑造完善的人格，而通过艺术陶冶情趣是情感教育、趣味教育的一种途径。他认为："情感教育的最大利器，就是艺术。音乐、美术、文学这三件法宝，把'情感秘密'的钥匙都掌握住了。"这表明梁启超不仅看到美育能恢复人审美情感的作用，还注意到了音乐艺术在美育中的作用。

王国维强调了美育的独立价值，这是王国维美育思想的精神内核，也是他对美育理论与实践发展做出的历史性贡献。他从个人以及人的本质角度深刻论述了美育的作用，将音乐学科与美育明确地联系在一起，肯定了音乐科的必要性，为近代中国学校音乐教育的发展提供了理论支持。但因社会环境与条件的限制，也因三人作为学者对于美育思潮的发展的影响是有限的，所以更多的在于理论与思想的引领，真正推动美育思潮与学校音乐教育快速发展的仍当属蔡元培。

（二）发展初期

1911 年，辛亥革命爆发，推翻了屹立于中国大地几千年的封建君主专制制度，建立了民主共和国，传播民主共和理念，试行资产阶级民主共和制。新的政治体制和思想观念解开了禁锢在中国人民身上几千年的枷锁，人民的权利意识相较封建君主专制时期有了较大的提高。不同的政治制度对于人才的培养有不同的要求，新的自由平等理念也为人才培养提供了更多的思考空间，因此，培养何种人才、怎样培养人才以便适应新型的社会，就成了知识分子所要思考的重要问题。这时期美育思潮呈上升、发散态势，对美育相关理论的研究与实践的设想相较以往更为深入，这代表该时期美育思潮的发展成果被纳入教育方针之中。

1. 美育纳入教育方针

19 世纪末 20 世纪初，中国美育思潮在康有为、王国维等人的推动下开始发展，国外系统美育理论的传入、国内美育观念的传播为民国时期将美育纳入教育方针奠定了理论和舆论基础。蔡元培自 1901 年起陆续担任上海代理澄衷学堂校长、中国教育会会长、爱国学社总理等职位，直至 1912 年就任南京临时政府教育总长。蔡元培有着丰富的教育与组织经验，在教育界享有崇高地位，且在德国莱比锡大学留学期间对美学产生了浓厚的兴趣，认识到了美育的重要性并对其进行了深入的研究。蔡元培独特的地位、丰厚的美育理论基础与实践经验为美育纳入教育方针做了有力保障。

1912 年 2 月，蔡元培发表了《对于新教育之意见》，倡导将美育列入教育方针，提出了军国民教育、实利教育、公民道德、世界观、美育五育并举的教育方针供同仁讨论。同年 9 月，教育部公布《教育宗旨令》："注重道德教育，以实利教育、军国民教育辅之，更以美感教育完成其道德。"美育被正式写入国家教育宗旨，成了民国时期教育工作的重要指南，这意味着美育时代的来临，是美育思潮发展的最关键的胜利果实。

对思想界、教育界来说，该时期的美育研究者将美育定义为情感教育，开始研究美育原理，注意美育的本体功能与辅助功能的关系探究，重视美育对培养感情、培养美感的作用，认为在美育本体功能实现的同时，其社会功能也就能自然完成，不需要刻意追寻其辅德辅智功能，与发轫期把美育作为辅德的目标价值相比有了更深入的认识。从美育的实施途径来说，学界认为美育实施不仅包括学校课程教育，还包括美育活动、学校环境和社会环境的熏陶。总之，对教育界来说，美育被纳入教育方针是极其鼓舞人心的事件，对全国各地学校美育的课程设置、教学内容等都产生了重大影响，从而引起了更多教育工作者对美育思潮的关注和参与，推动了美育思潮的进一步发展。

2. 代表人物的美育主张

（1）蔡元培的美育思想

20世纪初，蔡元培秉承着"救国必以学，世界学术德最尊，吾将求学于德"的信念，于1907年赴德国留学。在莱比锡大学留学的四年中，蔡元培深受康德与席勒美学、美育理论的吸引。随着学习的深入，他愈发意识到美育的重要作用。"就康德原书，详细研读，益见美学关系的重要"。蔡元培肯定了席勒美育思想的历史贡献和重要意义："自是以后，欧洲之美育，为有意识之发展，可以资吾人之借鉴者甚多。"

1912年，蔡元培在《对于新教育之意见》中从六个方面论证了美育对于培养人是必不可少的。以中国古代以及西方皆有美育课程论之，以心理学论之，"美育毗于情感"；以教育界对三育的分类论之，"公民道德及美育皆毗于德育"；以教育家之方法衡之，"美育，皆为形式主义"；以人身发展论之，"美育者，神经系也，所以传导"。蔡元培吸收康德的哲学观，将世界分为现象世界和实体世界，将美感教育当作其连接桥梁，并溯源到"此为康德所创造"。蔡元培认为，美育能使人超脱强弱贫富间的差距；追求幸福未遂便苦痛，达到便会过度；因离合生死、祸福厉害而产生爱恶惊惧、喜怒悲乐的现象世界，到达与造物为友、无厌弃也无执着追求的实体世界。

蔡元培明确指出，唱歌即为美育，提出了音乐教育内容形式可以多样，但目标须一致的思想观念，为普通学校音乐教育确立了地位。

蔡元培在该时期发表了关于美育的文章仅有一篇，但从内容来看，他对于美育重要性的认识、对美育实为情感教育的内涵、以音乐教育为途径之一的美育实施手段等相关内容都初成系统。

（2）鲁迅的美育思想

鲁迅作为我国著名的文学家、思想家，对美育的思考和理解，最初体现在他于教育部任职期间撰写的文章———《拟播布美术意见书》一文中。他在该文中表达了对"美术"一词的新的时代意义的解读，指出"故美术者，有三要素：一曰天物，二曰思理，三曰美化。"即现代美术必须包含对自然物象的感应，对造型法则的思考和高超精巧的表现技法。而且，具备上述三点条件要求的美术作品也不能完全被视为优秀的艺术。鲁迅进一步指出，好的现代艺术，其价值和作用还要体现在具体的现实意义上，如对文化生活的表现，对优秀民风道德的弘扬和辅助，对经济建设的支持或援助等。

在鲁迅看来，音乐是一种动态的、关于声音的美术，是一种可以脱离世间俗物、具有独创性和非实用性的美术。他辩证地结合了美术目的"在美"或"在功利"两个派别的观点，提出了"固在发扬真美，以娱人情，比其见利致用，乃不期之成果"，即美的功利性目的恰恰是通过坚持美本身而得到的。除了愉悦感情、发扬真美这一主要目的外，美育还具有表现保存文化、辅助培养道德和援助经济的作用。其一，美术之类是对现实文化的美的描摹。对个人来说，通过美育可以让人见识到不同时代、不同地区的文化，扩宽了眼界，还可从中窥见隐藏在文化背后的社会发展状况；对文化本身来说，美术对于文化的表现与保存作用有利于文化的传播与继承。其二，美育可以养成人的高洁之性情，消除邪秽之念，以此来达到社会安宁、国家稳定。鲁迅高估了感性教育对人的影响力，没有法治的保障，纯靠感性熏陶就能使社会安稳是痴人之言。其三，将美术作品作为商品流通可以在一定程度上促进经济发展。

鲁迅认为美育的实施手段有三种：一是通过美术馆、奏乐堂等进行传播；二是通过建筑、壁画等进行保存；三是通过设立古乐研究会、国民文术研究会进行研究。他拒绝灌输式的美育，主张潜移默化地进行熏陶。

鲁迅是我国较早成体系的美育理论的提出者，针对美育的本质、目的和手段都提出了自己的观点，甚至看到了艺术的经济价值。鲁迅对于文坛、对于当时的社会民众都产生了较大影响力。

3. 该时期代表人物对美育思潮发展的作用

蔡元培和鲁迅都将美育的本质理解为情感教育。蔡元培因其影响力，将美育纳入教育方针，切实提高了美育的地位。这是民国初期美育思潮发展的结晶，为后续美育在学校的实施提供了制度保障。又因蔡先生对康德美学、席勒美育思想的推崇与宣扬，在很大程度上促进了国外美育思想在当时文学界、教育界的传播；他对美育的重视为中国近代美育研究队伍的扩大、美育理论的完善起到了重要的引领作用。

蔡元培作为教育总长，对美育思潮的推动与发展所起的作用是无人可居其上的。鲁迅更多从文学的角度进行美育思想的宣扬，在文学作品塑造了众多"美"的人物形象，强调了美育愉悦感情的作用，但又拒绝将其作为单纯的消遣之物，而是作为"新民"的手段。他的美育观具有较为完备的体系，对我国美育理论与实践的发展发挥了不可低估的作用。

（三）发展高峰期

1914 年，第一次世界大战爆发，帝国侵略者暂时放松了对中国的侵略与控制，中国民族资产阶级趁势崛起，要求实行民主政治。而此时袁世凯复辟帝制，推行尊孔复古运动，与辛亥革命给人们带来的民主共和的观念相冲突。1915 年，以陈独秀、李大钊、蔡元培等为首的民主主义群体发起了一场反对封建、提倡民主与科学的新文化运动，帮助人们从封建礼教中解放出来，在思想文化领域进行了彻底的革新，推动了民主、科学理念的发展，营造了包括美育思想在内的各种新思想快速发展的大环境。

美育思潮在这一时期逐步发展至高潮，可以用"多""深""广"三个字加以形容。其一，数量多。1915 年后，研究美育的学者与文章数量大幅增多，中华美育会的成立与《美育》等期刊的发行就是其标志。除了《美育》杂志，还有其他刊物的美育文章的大量刊登；其二，层次深。该时期美育理论已经具备较为完整的体系，美育本体理论有了较深入的研究，涉及美育原理、艺术理论等，美育实施也有了一定发展，各级学校的艺术科目的教学与革新也在进行中；其三，范围广。随着美育研究探讨的深入，美育实施范围不断扩大，从最初的学校扩大到家庭与社会，从最初的以艺术学科为对象扩大到各科皆应承担美育之责的提倡，社会各界的推波助澜、共同汇聚，使美育思潮达到高潮。

1. 美育协会与刊物的创办

在新文化运动影响下，美育思潮得以更快发展，影响力更大，其成果之一是美育协会的成立。1919 年，吴梦非、丰子恺等人在上海发起创办中华美育会，并于第二年创办《美育》会刊，目的在于宣扬美育的作用，以促进美育事业的发展。这是一个以美育为宗旨的新式社团，为美育思潮的进一步传播和艺术师资的培养都做出了重要的贡献。

（1）美育思想的传播

中华美育会吸收会员的标准宽泛，对专业级别要求不高，只要求提倡美育之心必须坚定，故招募会员消息发布不久就得到很大反响，陆续收到北京大学、上海美术学校等 23 所全国各地高校教职员的加入函。由此可见，当时美育思潮对教育界的影响之广，反响之大。

中华美育会对美育思想的讨论与宣扬主要通过《美育》会刊来进行，于 1920 年至 1922 年三年间共出过七刊。《美育》会刊设置音乐、图画、手工、文艺四个栏目，根据第一期《美育》刊登的《中华美育会组织的经过》得知，协会以通函投票的方式，确立了会刊总编辑和各版块编辑主任，分别为吴梦非（总）、刘质平（音乐）、周湘（图画）、姜丹书（手工）、欧阳予倩（文艺）。另外，其中还刊载了吕澂、丰子恺、李鸿梁等 26 位编辑者名单。中华美育会的 31 位责任会员均为各自领域的佼佼者，这在无形之中增大了协会的影响力，增强了协会所宣扬的美育理念的可信度和接受度，更有利于美育思想的传播。

美育思潮随着中华美育会与《美育》杂志影响力的日渐扩大，《曙光》《新潮》《教育杂志》等一批优秀刊物也如雨后春笋般冒出，刊登了大量关于美育的文章，如 1922 年发表在《教育杂志》的《美育之原理》《小学校中之美育》，同年发表在《中华教育界》的《艺术课程概论》等，共同汇聚促成了美育思想的发展浪潮，推进了美育思想的广泛传播。

（2）美育理论的系统形成

《美育》杂志涉及美育的内容广泛，国别和时期不限，注重理论和实践的双重探索。理论层面包括美育原理的研究，如吴梦非的《美育是什么》、吕澂的《说美意识的性质》；对音乐、图画、手工、文艺四个方向的艺术理论进行探讨，如傅彦长的《学校唱歌的作曲法》、邢绍武的《图画之内容与吾人的心理之关系》、姜丹书的《手工与工业》欧阳予倩的《什么叫社会剧》；实践层面的探索包括周玲荪的《教授音乐应该怎样》《教授国画应注意之点》和蔡耀煌的《纸制果实法》等。就国别来说，除本国外还涉及东西方多个国家，如美敬庐的《日韩考察中关于美育材料之纪实》、张志彭的《十六世纪时代的英国剧》。

《美育》凭借着丰富的内容不断将"美育"的概念、内涵、方法、途径等进行澄清、梳理、丰满、重组与完善，使美育研究逐渐系统全面。

2. 代表人物的美育主张

（1）丰子恺的美育思想

丰子恺的美育思想对艺术教育的目的、本质、内容等方面做出了系统的阐述。将美与艺术的结合引申出了丰子恺关于美育、艺术教育的理念思想。但是，艺术教育与美育是两个不同的概念。我国美育思潮典型代表蔡元培的美育观是在康德美学的基础上逐渐形成的，并且提出了"以美育代宗教说"这一主张。艺术教育具有狭义和广义两种含义：从狭义角度来说，艺术教育是指以美术、音乐和体操等课程形式对学生展开美的教育；从广义角度来说，艺术教育是指通过美术、音乐等形式面对所有人而展开的审美教育活动。因此，就整体层面来说，艺术教育与美育概念具有复杂的内在关系。美育与艺术教育在一定程度上具有模糊性。教师在课程教育中需要注意区分二者。

丰子恺作为我国伟大的艺术家，在研究过程中表明："艺术教育或美的教育，是一种很深刻的心的教育。其效果必须涉及儿童生活的全部，这是创造更美的世界的一种努力。"

这里就将传统的艺术教育与美育相区别。丰子恺认为的艺术教育应当具有美育的思想理念，给我们在艺术教育中以启示：将艺术教育作为有灵魂与深度、情感与温度的教育，也就是美育思想在课程中的渗透。因此，理解丰子恺的"艺术教育"思想要与"美育"相结合。在这个基础上，再反观丰子恺广阔的艺术思想范围，生活中的任何一种审美都能够作为美术教育的内容，也是美育的彻底贯彻与实施。这也就解释了丰子恺在文学、美术、文艺、哲学、书法等多方面的探索历程，在不同领域的精神层面中将艺术的创造、审美作为整体，培养人的一种独立人格修养。

这样的美育对于后世影响深远。丰子恺认为，美育有利于人们发泄日常的苦闷，并帮助人们恢复自由。而美育是美的情感陶冶，可以教会人们如何实现艺术生活化，能够将平凡世界中的魅力呈现给人们。可以说，丰子恺的美育思想复杂且深入，他将美育看作为解放人生苦闷的途径。可以这样来理解，蔡元培的美育代宗教观更倾向于广义上的美育观，而丰子恺则是在具体的教育实践中去发现问题，并阐明自己的态度和观点，汇总出一个完整的理论。所以说，丰子恺的美育观念是从自然中进行实践而萌发出来的，也表明了丰子恺的美育思想在艺术教育的实践中更具有多样的审美意味。

因此，丰子恺的美育思想对美术教育改革、素质教育理念的创新以及学生具体的身心发展都具有莫大帮助。其中，丰子恺美育思想中最大的影响因素，就是对学生个体身心发展中艺术创作技能的培养、审美能力的内化、人生态度理念的升华。这也正是丰子恺美育思想区别于其他艺术教育的关键要素，在美术教育理念中发挥着不可替代的作用。

丰子恺美育思想的"绝缘说""苦闷说""情趣说"对美与艺术之间的关系论述深刻，尤其是"情趣"说对儿童艺术教育具有重要影响，不仅体现在短暂的艺术创作中，更体现为持久的精神性、情感性。

第一，"绝缘说"。丰子恺相信，"绝缘"这种经验的方法可以帮助主体切断与事物的实际功能和功利性的联系，达到超越功利主义的美学心理，唯有如此，才能产生诗意和艺术的冲动。丰子恺认为，实用和美学是两个对立的概念，科学和美学是对立的。所以，为了达到审美的目的，我们必须以"绝缘"的形式来排除功利主义的实际意义。

丰子恺对科学与艺术间的不同性质活动方式进行了明确的区分，但其所主张的"绝缘说"并无法完全排除审美观中的理性活动。审美活动的开展必须彻底地割断与功利的逻辑关系。然而，作为美学活动的一个重要构成因素，它与智力活动有着某种必然的联系，因此，丰子恺"绝缘说"具有丰富的辩证意义。实际上，"绝缘说"是源自西方美学中的"无功利说"，但是在经过丰子恺的改造和丰富后逐渐成了中国化的美学"绝缘说"。而所谓"绝缘"取自于"自提其神游太虚而俯之"，换而言之就是"返老还童"，以"童心"重新思考审美对象，这样不仅能够直接超越世俗功利，还可以保留下"有意味"的审美形式。

第二，"苦闷说"。因世俗之心与"赤子之心"之间存在一定的张力，所以表现出的情感基调也是"苦闷"的。正因如此，丰子恺逐渐对厨川白村所提出的"苦闷的象征"思想产生了共鸣，也成了自己美育思想的另一逻辑起点。丰子恺将厨川白村提出的"生命力"置换为"人生自由奔放的情感要求"；而"社会力"也置换为"如此狭隘令人窒息的世界"。厨川白村提出的"生命力"和"社会力"都具有历史概念，而丰子恺通过过滤和抽象这些时代内涵形成一种具有共时意义的普遍概念。所以，原本是厨川白村的"苦闷时代"变成了丰子恺的"人生的苦闷"。由于丰子恺是一名佛教居士，自然而然对佛教的"苦谛"予以认同，并且其所著的《陋巷》《渐》《伯豪之死》等随笔中都提到了"无常之恸"，可知丰子恺所体会到的"苦闷"并非仅仅是"人生的苦闷"，也是佛门的"苦谛"。而艺术是可以让人发泄"人生的苦闷"的重要工具，可以在创作的过程中生成"人生的欢喜"，这便是艺术效果的呈现。一个人对于人生苦闷越敏感，其所能够郁勃而成的艺术作品就越伟大。

第三，"情趣说"。丰子恺认为艺术是具有一定的安慰作用的，可以通过安慰的方式潜移默化地影响人们的感情，所以作为艺术家应该有着超乎常人的同情心。而所谓同情心就如儿童的"赤子之心"一般，即集艺术心、宗教心和"赤子之心"于一体的"童心"，所以说，儿童是天生的艺术家。也就是只有那些尚未泯灭"童心"的人才有更大的可能成为真正的艺术家。此外，丰子恺还认为孩子拥有的天然"童心"在大人的眼中就是一种"趣味"。而梁启超认为趣味是有善恶、美丑之分的，并在此基础上将导向善与美的趣味统称为"趣味的主体"，并表示这一主体是由劳动、游戏、学问和艺术等四种活动组成。前三种活动可以产生短暂的趣味，而艺术所形成的趣味则是永恒且普遍的。所以，梁启超表示艺术教育是涵养趣味的最佳途径。丰子恺的"趣味说"其实就是对梁启超"趣味说"的一种发扬与继承，更加凸显出了主体性的作用，同时也强调了审美在艺术创作中所具有的主导作用。

（2）蔡元培美育思想的系统论述

蔡元培于1915年至1932年期间发表了大量美育文章阐述其系统的美育思想，如《美育实施的方法》《美育》《美育代宗教》等。

1930年，蔡元培在《美育》中明晰了美育的方式和目的："美育者，应用美学之理论于教育，以陶养感情为目的者也。"美育并非专指专业性的美学教育，而是借用美学的专业理论、遵循科学的美学指导，以陶养感情为目的而进行的一种美感教育。同年，在《以美育代宗教》中，蔡元培就美育的范围、美育取代宗教的目的进行了阐述，能看出他对美的对象的双向性的理解。一方面，蔡元培认为，从音乐等美育专科的设置，到城乡社会环境的布置、社会专门机构的设立，再到个人修养、社会文明演进，只要是能够引起美的感觉，那就属于美的对象，包含在美育的范围之内；另一方面，蔡元培认为美育的客体和主体是相互影响的，客体能否引起美感及审美主体的审美观念是否足够，都是美育顺利进行的关键。

1931年，蔡元培在《美育与人生》一文中对"美育"的功能做了进一步解释，认为通过美的对象进行美育的陶养，人的感情可以由弱变强、由薄变厚，最终人可以产生伟大且高尚的行为。究其原因是美的对象的普遍性和超脱性。能引起美感皆为美之对象是其普遍性，美的作用不在于其利用度是其超脱性，"舍生忘死"的气概就是源于美育的陶养了。总的来说，蔡元培认为美育可以代替宗教在大众中施行，是因为美的作用具有普遍性，可以改造国民品性，从而使人达到一定精神境界，达到改变社会的目的。

蔡元培的美育观与情感培养相联系，以陶养感情为目的，由此可见情感教育的重要性。但是，蔡元培并没有认为陶养感情使人产生高尚行为全是美育的功劳，没有否认其中智育与德育的作用，甚至认为德、智、体各科皆有美育存在，"凡是学校所有的课程，都没有与美育无关的"，由此可见，他的美育思想是全面且系统的。

3. 该时期代表人物对美育思潮发展的作用

（1）丰子恺对美育思潮发展的作用

丰子恺美育思想贯穿文学、哲学、艺术、书法等，并对文学艺术创作和美育思想建立起到关键作用。因此，丰子恺美育思想居于艺术领域的核心范畴。从美育这一思想根源来看，关于美的探讨自古以来都具有现实意义，既包含了原始时期先民对自然与生存需求下对壁画中形象的真实美表达，还具有唐宋以来对诗词、绘画讲究的意境美的表达等。这样的美在精神层面和物质层面都具有一脉相承的意义，且可以具体归纳为具有现实意义的艺术理念。可见，从历史的角度看，对现实意义的理解需结合时代的实际情况。

丰子恺的美育思想根植于中国传统文化，在文化领域有较高的价值。丰子恺对艺术教育的诠释立足于广义的审美教育，因此，实施艺术教育如美术教育等形式也是提高学生审美能力的重要方法和途径。丰子恺在绘画特别是漫画创作中的"童心说""趣味说"等理念，也突出表达了美术教育中对美育本质的探讨，具体体现在三方面：丰子恺美育思想对基础教育美术教学改革的启示，对素质教育理念的启示，对学生艺术创作风格、审美能力、审美思想的启示；重点在于丰子恺美育思想对于学生教学实践中的美育思想的影响，展开路径主要通过丰子恺的绘画和思想双重渗透体现在美术课堂与教育思想理念当中。

（2）蔡元培对美育思潮发展的作用

蔡元培在该阶段形成了完备的美育理论体系，对美育的内涵、目的、范围、方式、途径都做了系统的阐述，充实了我国的美育理论研究，为20世纪社会各界进行美育实践提供了深厚的理论基础与实施方案，使得这一时期中国美育思潮的发展达到高潮。除了不断完备自己的美育理论体系外，蔡元培还在1916年创作了《康德美学述》一文，通过"美学之基本问题""优美之解剖"两个部分介绍康德哲学、美学观，进一步扩大国外美育思想在中国的传播，为美育思潮的发展提供更多的理论武器。

（四）曲折发展期

1937年，社会各界积极开展抗日救亡运动。在战争形势紧张的大背景下，人们将音乐当作鼓舞人心的精神武器。所有与救国无关的歌曲都会遭到批判，音乐课堂成了练习军歌、激励士气的"绝佳场所"。1938年，教育部发布五项强调音乐科的抗战目的，文件提出音乐教学要以鼓舞抗战情绪、增加民族意识为目的。

美育也紧紧围绕这个主题开展运动。这一时期的小说、戏剧、诗歌等文艺作品中出现了新的人物形象，以美的形象激励、鼓舞着解放区的大众去实现建立新社会的理想。

在这一时期，解放区的美育运动开始蓬勃发展起来，美育思想得到中国共产党的阐述和实践探索。这实际上就是马克思主义美育思想的中国化、大众化、民族化的过程。中国共产党的美育思想突出了美育的社会实践指向，丰富和发展了中国民众的情感结构，最终实现了人全面自由的发展，促进社会的进步与和谐。

1.毛泽东美育思想的提出与发展

毛泽东美育思想产生并指导着当时中国的文艺工作，对于美育目的的阐释与中国共产党的政治目标具有一致性，即建立社会主义国家，最终实现共产主义，并结合当时的社会问题，还涉及实现人全面自由发展等方面。

毛泽东始终倡导思想启蒙，推进千百万人主体意识的觉醒，唤醒人民觉悟，提高国民文化的心理素质，促进中华民族自强复兴精神的再生。

2. 代表人物的美育主张

在这一时期涌现出许多推行美育的文艺工作者，他们都非常重视文艺的启蒙性，这体现在以文艺扩大马克思主义思想的传播，提高人们的革命觉悟，调动大众革命的积极性。他们的美育思想是指导解放区大众进行革命的思想武器。

这一时期，瞿秋白的美育思想极具代表性，下面，本书对其进行简要阐述。

瞿秋白既是中国共产党早期主要领导人之一，更是革命文艺前驱者，一生致力于红色音乐的创作和传播，为早期的革命音乐事业做出了重大贡献。其音乐作品的创作多为依曲填词，富有美学意蕴。瞿秋白红色音乐的美学特质具体表现如下：

第一，鲜明的时代性和民族性。《赤潮曲》中的歌词充分反映了20世纪20年代劳动人民的觉醒和奋起。歌曲中的"赤潮澎湃，晓霞飞动，惊醒了五千余年的沉梦。远东古国四万万同胞，同声歌颂神圣的劳动"，讲述了十月革命对中华大地的撼动及工人阶级的觉醒；"猛攻，猛攻，捶碎这帝国主义万恶丛！奋勇，奋勇，解放我殖民世界之劳工，无论黑、白、黄，无复奴隶种"，表明了中国劳动者要与世界无产者联合抵抗资本主义，为美好的未来而奋斗，体现了鲜明的时代性和民族性。

第二，革命的真理性。马克思主义传入中国并广为流传，再加上中国共产党的建立，使共产党人长期以来在实际斗争中逐渐用马克思主义思想来"武装"自己。瞿秋白的音乐作品也充分体现了共产党人对于共产主义革命的追求，勾勒出了共产主义的天下大同的宏伟蓝图，如《赤潮曲》承载着中国共产党人最初的革命理想，象征着中国共产党人永不褪色的革命精神，闪烁着充满真理的革命光芒。

第三，广泛的群众性。20世纪20年代初，我国最先译配的音乐作品都是无乐谱的译诗。因为没有曲谱，所以群众无法歌唱。而瞿秋白将《国际歌》译成中文，不仅使这首歌成为无产阶级革命者唱颂的经典，更震颤了亿万同胞的心弦。另外，《赤潮曲》代表了广大工农群众的心声，如一面鲜红的旗帜，给予工人阶级磅礴的力量，鼓舞着工人阶级为中国无产阶级革命运动全力以赴，引导着他们为新时代伟大斗争发光发热。瞿秋白用歌声颂出无产阶级革命终将胜利，共产主义的理想一定会实现，共产主义社会一定会实现！

3. 该时期代表人物对美育思潮发展的作用

瞿秋白的红色音乐具有十分重要的现实意义，具体表现为：一是成为党团引领。红色基因代代相传，红色歌曲广受传唱，是文化传播的正常现象。瞿秋白的音乐作品几乎贯穿了中国共产党革命斗争的每一个阶段，走过了烽烟遍地的战争年代，走到了日新月异的改革年代，传唱了一个世纪经久不衰，已然成为引领中国共产党不断前进、奋斗进取的先锋之歌，成为激励人民群众不忘初心、努力奋斗的引导之歌；二是形成社会风尚。瞿秋白创作的每一首音乐作品都反映了当时大众的审美特征，凸显了不同时代特有的精神气质，成为真正深入人心的红色经典，在代代相传的过程中愈发折射出革命的光辉。尤其是《赤潮曲》由瞿秋白独立创作，随着时代的变化经过三次改编，越来越符合中国大众传唱的需求，留下了独特的文化烙印。

三、当代美育思想的发展历程

（一）焦虑与隐退期

新中国成立之后，中国美育经历了"起步、停滞、复苏、重建"四个阶段。在1949年到1978年，主要处于"起步"和"停滞"阶段。在这段时期，德育代美育成为主流。传统美学范式在此阶段由于政治的规训策略导致整体断裂，政治家美学形象的塑造是这一时期美学现代性的一种必然追求。20世纪50年代到70年代，美育主要通过单调的文艺运动来对国民进行思想教育，其内容形式与政治紧密相连，主要为工农兵服务，并注重塑造英雄形象，是对于国民进行正面教育的方式，最终是指向政治实践本身的审美化。

（二）复苏与重建期

1976年以后，人们迫切要求学习美学和开展各种审美活动。文化界与学术界的许多德高望重的著名学者重新关注美育，深刻论述美育对新时期的重要作用，强烈要求尽快恢复并发展美育事业。之后，美育终于重新进入我国的教育方针之中，得到人们重视。

　　20 世纪 80 年代，美育因其特有的启蒙功能开始受到人们的重视，美学界开始重新呼吁审美教育的重建问题。虽然在初期，国内学者对于美育的看法主要受苏联政治美学和工具论的影响，侧重审美功利性方面，认为美育是进行阶级斗争和培养共产主义世界观的工具，甚至将美育视为德育的辅助手段，还狭隘地将美育与艺术教育简单地等同起来。但随着研究的逐渐深入，学界渐渐摆脱了认识论和工具论的框架，美育开始步入正轨，恢复了原先的审美功能，进入素质教育的领域，在健全人格建构方面起到基本的作用。百年中国美育在"政治启蒙—经济改革—文化自觉"视域下重构了属于中国文化的现代性。

　　这一时期的主要代表人物及其思想，主要包括：

　　（1）朱光潜美育思想

　　立足于以情为本的原则，朱光潜首先探讨了审美对人的解放特别是感性解放的意义。其次，没有回避审美与现实人生的联系，回答关于艺术人生的问题。第一个问题涉及审美的形而上的、本体论的关切，第二个问题涉及审美的价值论方面。而这正体现了朱光潜美育思想处在审美独立与审美启蒙的张力之中，展现了朱光潜美育思想审美现代性构建的历程，即从立足审美独立的美学话语转变到立足审美启蒙的现实语境。

　　第一，以情为本，追求审美自觉。以情感体验为核心是审美教育开展的必要前提，情感体验是审美的一部分，只有重视情感，才能达到审美的目的。在西方语境中，针对工具理性主义与资产阶级社会不能"免俗"的生活理念，审美现代性以一种对抗性的姿态出场。由于极端工具理性的笼罩，人们沉浸在一种实用主义的氛围当中，而这就导致了感性在现代文化语境中的缺失，引发了对人的感性生存的担忧，因此，审美现代性的首要职责就是呼吁感性的回归。与西方希冀通过艺术途径拯救被压抑在工具理性中的个体不同，朱光潜立足于中国的现实语境，认为整个社会弥漫着物质欲望和功利色彩，因此，朱光潜汲取到审美现代性的反思因素，即通过关注个体的感性生存来构建和谐的主体性。朱光潜对感性的张扬暗含着西方式审美现代性对感性的召唤和诉求，尤其是朱光潜对情与理这一问题的探讨，认为情具有基础性的作用和对情感世界的建构作用，都展现了其对感性作为基石的高度认可。

　　第二，情理合一，审美与道德的融合路径。朱光潜注重感性的作用，将感性视作理性的基础，并从道德这一角度入手，认为"问理的道德"在价值上并不能与"问心的道德"相提并论。朱光潜在论述美感经验时，比较单纯地追求审美的非理性价值，但这并不代表朱光潜忽视了理性，他反而倡导以情为本、情理结合的审美教育。席勒曾说："人丧失了他的尊严，艺术把它拯救。"朱光潜同样认为，通过包含着审美—价值理性的艺术的批判和引导，能更好地实现审美教育。大众可以通过论述其《文艺心理学》中的文艺与道德的关系来探寻朱光潜从追求审美自律到寻求审美与道德密切联系的转变，即朱光潜开始注重审美经验中感性和理性的联系和转变，进而探寻朱光潜具有本土意义的审美现代性色彩。

第三，人生与艺术融合，寻求审美人生。从历史的进程看，现代性的发轫是以主体的发现即人的自我意识的觉醒为表征的。然而，经过现代性尤其是工具理性和科技理性的洗礼之后，原本完整的主体被肢解为一个碎片化的自我，而这恰恰反映了现代性的悖谬。因此，人们试图通过审美这一途径来抚慰被工具理性支配过的灵魂，希冀在自我的生存空间里添置诗意的成分。

朱光潜认为，中国传统文化中的诗教从本质上来说重视伦理化的培养，这种教育在很大程度上来说就是指教化。如其所说："就大体说，全部中国文学后面都有中国人看重实用和道德的这个偏向做骨子。"而在这样的语境中，个体的感性存在被忽视，而成为一个被社会伦理规约的缺乏独立意识的人。朱光潜不满于中国传统教育压抑个人感性的培养方式，强调对个体自由的伸张，因此，朱光潜的美育思想中重视从个体的感性体验出发，强调美感经验对个体感性的舒展。而审美教育就是要培养个体的性格和情趣，以审美的方式来回答，乃至解决生命的意义和人性的危机，实现人生的艺术化。

（2）林风眠美育思想

林风眠是卓越的现代派绘画大师，不但秉承了传统艺术的精神，是一位具有创新精神的艺术家，而且吸收西方艺术并开创了画坛的一代新风，是以民族性为根本、实践中西艺术融合的先驱者。同时，林风眠也是一位优秀的教育家，基于他的美育思想培养了大批优秀的艺术家。他在艺术教育实践中传递的美育思想达到了一定高度，为我国现代美育之路点亮了一盏明灯。

林风眠认为，美育能激发美感、挖掘潜能，给人以情感上的慰藉，对人产生润物细无声般的滋养。林风眠终身践行着美育，说明了一位艺术家同样需要艺术上的修行。林风眠的美育思想的核心是培养生命意识，体现个体生命价值，也是通过传播美育思想探索体现生命的社会意义的重要途径。同时，林风眠的美育内涵是尊重生命，将美育思想融入普通人的生活中去，让艺术滋养抚慰人的心灵，凸显出美育思想对于民族自强和繁荣具有特殊的意义。

（3）王元骧美育思想

王元骧先生是我国当代著名的文艺理论家、美学理论家。早在 1964 年，他于《文学评论》发表《对阿 Q 典型研究中一些问题的看法》一文就引起了学界的关注。迄今为止，王元骧发表高质量论文一百余篇，获得中宣部、教育部等各种嘉奖十六次，其事迹还曾于 2019 年被央视《人物》栏目收入《立德树人》的系列片中。中国社会科学院的党圣元教授评价王元骧说，他"既是新时期文学理论的建设者，又是新时期文学理论的见证者"，他的学术思考和建构"展现了新时期四十年文学理论发展演变和学术深化的历史轨迹"。可见，王元骧的学术思想在学界中具有不容忽视的影响力。

纵览王元骧的学术生涯，其在不同理论阶段的学术探索一方面反映着其学理视野从"认识论"到"实践论（价值论）"再到"本体论（人生论）"的综合推进，另一方面也具体表明了其在各个时期所面对的问题之不同。为了妥善解决这些问题，他自然就要汲取不同的理论资源为己所用，因此，其学术思想便呈现出一种"融合百家、独创一格"的特点。尽管如此，我们亦不难从中看出，对其影响最深的主要还是马克思主义哲学和德国古典哲学。

整体来看，王元骧的美育思想可以大致以 2003 年"文艺本体论"的开启为界，分为"前期"和"后期"两个时间段。具体到美育思想起源来说，在前期，他主要是以马克思主义观念为指导，吸收黑格尔认识论美学与康德道德哲学的合理成分，主张审美，为人们确立普遍且自由的实践原则；到了后期，马克思主义思想依然居于指导地位，不过康德的美学观念对其影响逐步加深。他在康德的"道德本体论"思想上进一步将本体论意义上的人确立为人的"生存本体"。他还分析了康德"美是道德的象征"与基督教美学的联系，并在此基础上将审美与人的信仰关联起来。此外，他还吸收了席勒的美育思想，来使其美育观念比前期更加深入、更加丰富。

为了更好地把握王元骧的美育思想，可以按上述标准将其分为"前期"和"后期"来加以把握。之所以有如此划分，主要原因在于其整体学术生涯理论视角的转变，以及不同时段在各种理论资源的影响下对某些核心观念的理解不同。在前期，王元骧主要是以"认识论"和"价值论"的理论视野来把握审美、艺术和人三者的辩证关系。而在后期，王元骧主要是在"本体论（生存论）"的理论视野中将审美与人的"生存本体"、文艺本体统一起来；在此基础上，其对一些问题的理解也更为具体，更为深入。不过我们应该认识到，王元骧的美育思想是一个有机的整体，其演化路径是与其整体学术思想保持一致的，这是一个逐渐明朗、不停拓进的过程。

王元骧的美育思想在当下具有十分深刻的社会意义。一方面，新时期以来，美育的作用逐步为人们所重视。在 1999 年，美育从国家基本方针的层面被确立为教育的一个维度；另一方面，建构具有中国特色的文艺学、美学话语理论体系必然离不开马克思主义思想的指导。这是时代的任务和要求，具体到美育问题上也不例外。新时期以来，王元骧的理论探索始终坚持以马克思主义思想为指导，取得了令人瞩目的成就，这也是学界的共识。由此，我们相信，王元骧的美育思想不仅是当下美育建设的重要理论资源，也会对未来中国美育理论发展产生深刻的影响。

第二节　西方美育思想的发展历程

美育思想体系是在西方形成的，西方关于逻辑严整、具有学科性质的美育研究比中国起步要早。东西方文化的思维方式和教育理念有所不同，所形成的美育思想恰好可以增强高校美育的文化多样性，丰富高校美育的内容。与此同时，研究西方美育思想的发展历程还有利于取长补短，借鉴其精华，为新时代高校美育提供新的启发。

一、古希腊时期到中世纪

人类最早的文化形态是神话与自然崇拜，古希腊时期的《荷马史诗》可谓古希腊璀璨文化的源头，其中包括《伊利亚特》和《奥德赛》两部分。挖掘《荷马史诗》的美育思想必然要探讨其对自然美的勾勒、对文学诗歌美的罗列以及对神话人物审美心胸豁达的向往。在《奥德赛》卷五中有一段这样的描述："……地上有紫堇和野芹开着花；就是永生天神来到这里，看到这种种风景，也要流连忘返……"只是短短几句，作者对于自然美的旖旎和诗词文藻的"质朴"之美便跃然于纸上，还隐约体现出一种人本主义色彩。

荷马是古希腊的盲诗人，他根据流传民间的短歌编写成两部史诗巨著。他虽然无法通过视觉捕捉大自然的风光旖旎，只凭借听来的民间故事构想出如此使人耳目一新的审美意象，这说明在对自然美的刻画上荷马是具有审美态度和审美心胸的，从美育的角度说明了主体培养审美心胸的重要性。作者只有具备审美心胸，才能感受到美，并且将美的存在通过美的方式表达出来，让美跃然纸上，形成影响西方美学和美育发展的文艺美学宏图巨著。

古希腊早期自然哲学家毕达哥拉斯是西方最早的数学家，他对于美的认识也是他的世界观构成的重要组成部分。他认为世界的本原是不变的"数"，还认为自然界包括人类社会在内的美来源于"数的和谐"，据此提出了著名的"黄金分割"理论。黄金分割的思想来源于对音乐的美感体验，或者说源于对声响节奏和韵律的审美体验。毕达哥拉斯倡导音乐的美育作用，认为音乐具有"洗涤灵魂"的作用，是使人向善向美的必然基础，并且据此以上的逻辑推理出了著名的"美是和谐"的思想。该理论至今仍然是一些学者对于美认识的态度。据此，毕达哥拉斯开始研究和谐对于主体的审美教育作用，除了将宗教和哲学结合起来，还在研究伦理的发生时强调美德与和谐的内在联系，通过音乐的合声和谐来对主体进行审美教育，用以"洗涤灵魂"、完善人格。

至"古希腊三杰"苏格拉底、柏拉图和亚里士多德时期，对于美的认识和美育的探讨达到了古希腊时期的巅峰。三位先贤既有师承关系，又在前者的理论基础上进行了新的创新和反思。

苏格拉底将对自然哲学的探讨转向社会领域，其最著名的两个论断是"认识你自己"和"德性即知识"。他在进行哲学探讨和对话时喜欢引导对方说出答案，后人总结其引导的方法为"催产术"式的问答。苏格拉底虽然没有对美和美育的本质进行过多的论述，也没有留下丰富的理论著述，但是倡导美德之美和知识是通过教育获得的，从本质上论述了美育的教育学内涵，对后世有着积极的影响。

柏拉图的美育思想在《理想国》中可见一斑。柏拉图在《理想国》中塑造了一个理想社会，其中，柏拉图多次谈到对诗人的排斥以及倡导善与美的统一。诗歌作为美育的组成部分为什么会被柏拉图所排斥？这就要聚焦当时古希腊的历史背景和政治背景了。《理想国》虽然为古希腊理想社会勾勒了一个范本，但是其本质是为统治阶级和精英阶层服务的。柏拉图并非对文学诗歌的美没有认识和感触，而是他倡导"歌以咏志"的理性化诗歌功能。柏拉图认为诗歌要给人以精神振奋及对民族国家的责任和归属，而非诡辩派的文字游戏，又或者给人带来悲剧感的内心失落。我们可以从美育的角度窥见，柏拉图不仅阐述了"壮美"的美学范畴，还强调了诗歌中的美对于主体人格教育的强烈引导性。同时，我们可以看到柏拉图已经在其思想中萌发了文化作为社会意识形态对于政治的作用和反作用。此外，柏拉图也十分强调音乐对于人的育化作用，强调音乐的"爱智作用"即对于人智性的启迪和感染。

柏拉图的学生亚里士多德在其美育观中体现了唯物主义的思想，认为艺术是"对真实的摹写"他已经开始研究悲剧的美育功能："悲剧是对于一个严肃、完整、有一定长度的行动的模仿……借引起怜悯和恐惧来使这种感情得到陶冶。"这谈到了悲剧这一美的范畴对于人感性能力和情感的教育作用；并且作为主体的人格构建，使人的人格得到滋养。同时，在其《政治学》中，亚里士多德还谈到："所有的曲调都可以采用，但采用的方式不能一律相同。在教育中应采用道德情操型……那些易受怜悯和恐惧情绪影响以及一切富于激情的人必定会有相同的感受，其他每个感情变化显著的人都能在某种程度上感到舒畅和松快。"亚里士多德在这里已经开始对不同声响的音乐对人情绪的不同影响进行分类，并且出现了早期艺术心理学的萌芽，将心理感受同美育对人的人格育化进行了一种量化和质化的分析。可以看到，亚里士多德对早先的古希腊美育理论有了新的洞见性的发展，那就是从单纯的美与美德、美与和谐等本体论探究转向"交叉研究"。

在古希腊晚期，西塞罗的"美育道德和并论"、伊壁鸠鲁的"美育幸福论"、贺拉斯的"美育的社会功用论"等都是古希腊时期美育思想的杰出代表。一方面，我们可以窥见古希腊美育思想的丰硕果实；另一方面，我们也看到古希腊时期基于第一哲学"是论"的影响，美育更多地聚焦在其本体论的研究上，还没有完整的、成体系的框架结构。尽管如此，我们还是不得不惊叹于古希腊先哲们对于美本质探讨的睿智以及重视美育对个体、社会的重要影响。

进入中世纪后，受到以普罗提诺为代表的新柏拉图主义的影响，中世纪美学思想呈现宗教神秘主义的特点。教会对文学艺术的仇视和压制，使中世纪美学和美育思想处于基本停滞的状态。

二、文艺复兴时期到 18 世纪

中世纪晚期的文艺复兴与经院哲学时期形成了鲜明的比照，涌现了一大批艺术家、文学家、科学家。这场盛行在意大利的人类进步思想运动主要倡导回到古希腊时期的文化巅峰时代，歌颂人性之美，这势必涌现出一大批精辟的美育理论。

弗兰齐斯科·彼特拉克是文艺复兴时期的先驱之一，是伟大的诗人，也是用人文主义观点去不断发掘古希腊罗马时期重要思想的代表人物。他主张"人与神的对立"，批判中世纪"禁欲主义"。他的《歌集》《意大利颂》等诗歌文学作品闪烁着人文主义的光芒。他从人与神对立的角度，主张审美教育的本质在于人格健全的培育，人对于美的追求就是对于幸福的追求，就是对于心灵自由和解放的追求。

如果说彼特拉克的思想充满着浪漫主义情怀，那么，德西德里乌斯·伊拉斯谟则是现实主义的杰出代表。他的《愚人颂》文锋犀利，尖锐地批判了经院哲学和中世纪的僧侣阶层，让我们看到了人性复归自然、自然复归审美的美学态度，运用文学语言的批判不仅体现了极高的文艺美学价值，更凸显了时代精神。

乔万尼·薄伽丘作为文艺复兴鼎盛时期的文坛巨匠，在《十日谈》中讽刺教士和僧侣，赞赏手工业者和商人的智慧与勤劳才干；不仅歌颂人文主义精神，还倡导人与人之间真挚的友谊和美好的爱情，以文学载体蕴含社会美的培育，通过对中世纪社会的反讽显示出人与人之间的美德、美好和友谊的缔结，透露出一种以人为本、将审美教育转向人与人的美德教育的思想，为文艺复兴时期诗歌的发展与兴盛奠定了基础。

莎士比亚的悲喜剧创作是时代的精华，他由喜剧到悲剧的创作历程也反映了文艺复兴时期的时代面貌。在喜剧方面，他主要围绕爱情、婚姻和友谊进行创作，在一定程度上继承了薄伽丘的创作主体。伴随着英国农村"圈地运动"的发展，经济和政治出现了"萎缩"，莎士比亚从大众的生活中获取了灵感，转向沉郁风格的悲剧创作。《哈姆雷特》《奥赛罗》等作品中不仅彰显了人文主义精神，还对"戏剧""悲剧"这对特定的美学范畴做出了跨越式的发展，通过文学魅力演绎了悲剧的内涵——"在个体生命的无常中显出永恒生命的不朽，这是悲剧的最大的使命，也就是悲剧使人快意的原因之一。"以至于影响到了后来的黑格尔的美学观以及尼采的非理性主义思想。

列奥纳多·达·芬奇作为文艺复兴巨匠，不仅是画家、科学家，其《论绘画》一书中还包含了丰富的美学理论、艺术教育理论和美术技法理论，创造了透视学、光影学、人体比例等影响世界美术史发展的理论与技法。他的美育理论集中体现在他的美术理论中，"绘画不同于文学，不需要各种语言的翻译，就能像自然景物一样，即刻为一切人通晓。"达·芬奇描述了绘画对人感性、直观的即时性，通过视觉来传达对主体的直观性和绘画的艺术特点。

关于美术对主体的美育功能，达·芬奇在其著作中表述很多，这里不再赘述。此外，达·芬奇还强调过绘画可以陶冶情操，并且通过视觉传达对人进行伦理和道德上的教化，使人通过"美"走向"善"。从古希腊到文艺复兴时期，研究美学理论和美育思想的哲人很多，但是从艺术中的某一门类专注于研究人的审美体验和道德教化的思想家也许只有达·芬奇一人。虽然达·芬奇没有实现将美术飞跃到美育的社会功能，但是他专注于艺术哲学和美术理论的美育功能研究却是前无古人的。

17世纪，文艺复兴运动逐渐衰退，西方文化中心从意大利转移到法国。法国17世纪新古典主义运动以笛卡尔和尼古拉·布瓦洛·德普雷奥为代表，构建在法国理性主义哲学基础之上。美学是理性主义的美学，与哲学紧密相关。

笛卡尔认为理性是知识的唯一源泉，其名言"我思故我在"上承他的怀疑论，下启他的"心物二元论"。他在审美领域强调美的恰到好处，在他的著作《论音乐》中非常重视音乐对主体美感的教育作用，强调人声与人心灵的完美契合，体现了近代的人本主义思想。

布瓦洛是法国的美学家和诗人。他在《诗的艺术》中说道："因此，首须爱义理；愿你的文章永远只凭着义理获得价值和光芒。"这里的义理是笛卡尔《方法论》中所指的良心，或者说是一种对于善和德性的指代，可见布瓦洛对于文学艺术的前提是基于人性的善。如果没有对人性善的追求，就无从谈起文学艺术本身的价值和教化意义。他的美育观与其说是对善与美的统一，不如说是一种伦理化的美育观。正如朱光潜先生对布瓦洛的评价："文艺的职责首先在表现……供人欣赏而同时也给人教育。"可见，朱光潜先生肯定了布瓦洛作为古典主义文学代表人物在美育方面的积极影响。

与法国新古典主义几乎同时期发展的英国经验主义美学和美育思想，走的是与新古典主义完全不同的路径，建立在否认先天理性观念，强调经验、情感、想象的浪漫主义基础上。以洛克、休谟等为代表的经验主义美学家把美感和情感的研究提到首位，对法德两国之后的启蒙运动产生了巨大影响，推动了法德两国美学思想的发展。

洛克作为西方近代经验主义的领军人物，不仅反对理性主义的"天赋观念"说，还强调自省的内在经验方式是获得知识的主要途径。不仅如此，洛克除了在哲学上颇有建树，还写过一本《教育漫话》，体现了英国绅士主义的教育观点。在英国当时的时代背景下，美育是塑造绅士的一个重要方面，良好的美学修养是绅士的必备素质。但是，洛克将美育作为德育、体育和智育的附属部分看待，更多地强调艺术教育对主体全面发展的影响，而没有单就审美素养和审美教育的本质和内涵进行深入的分析。"我觉得跳舞最能使儿童具有适当的自信心与举止……因为跳舞虽然只是一种优美的外表的动作……它使儿童在思想上和姿态上具有丈夫气概的作用却比什么都强。"可见，洛克的美育观主要还是倡导艺术的美育作用，并且极尽所能地为资产阶级绅士教育提供参考范畴，没有将美育上升到人格塑造和审美本质的范畴中去。

18世纪，法国启蒙运动是文艺复兴运动的继续，在文艺领域表现为反新古典主义，以卢梭、伏尔泰、狄德罗为代表，其中狄德罗的影响最大。

伏尔泰是法国启蒙运动最具影响力的思想家之一，同时还是西方近代最重要的文学家之一。他的美育思想充分地体现在《论美》《趣味》《哲学通信》《论美德》等著作中。伏尔泰首次将美育的功能之一——审美趣味放在了重要的理论层面，并且深刻地影响了后来美育学科的发展和建立。他认为："因为在艺术中存在着真正的美，所以既有辨别美的良好的审美趣味，也有不能辨别美的低劣的审美趣味。"

伏尔泰将审美趣味作为评判艺术本质的重要方面，为后来者研究审美趣味的逻辑归宿和美育功能研究的发展方向开启了新的篇章，此后审美趣味不仅成为美育的研究方向同时还成了主体人格健全的重要方面。伏尔泰还将艺术上升到认识世界、把握世界的方式及对人教育的必不可少环节的重要高度。他在《咏自然规律》一诗中赞扬英国诗人蒲柏说："……艺术有时是无益的，有时却是崇高的，在蒲柏那里，诗的艺术有益于人类。"

18世纪，德国启蒙运动中的美学和美育思想家以鲍姆嘉通、温克尔曼和莱辛为代表。莱辛是德国启蒙运动高潮时期的代表，通过《拉奥孔》否定温克尔曼古典艺术静穆的特点，提出人的动作才是艺术的首位，建立了德国美学人文主义思想。

三、19世纪的德国古典美学时期

德国古典美学时期以康德、席勒、黑格尔为美育思想的代表。

康德是德国古典美学的奠基人，蔡元培、王国维、宗白华等人在进行美学研究时或多或少都借鉴和采纳了康德的美学理论。康德美学对我国美学的发展至关重要。

康德哲学是批判的哲学，康德美学也带有了浓厚的批判色彩。最能代表康德哲学的书为：《纯粹理性批判》《实践理性批判》《判断力批判》。前两本讲人如何认识世界的真和善。在《判断力批判》一书中，康德认为，在现象与本体之间有一道不可超越的鸿沟。我们要从现象过渡到本体，就要在这道鸿沟上架起一座桥，这座桥梁就包括了美。这一观点从人的主观美感过渡到客观的本体。

自然美和崇高美是康德美学的重要概念。在康德看来，"自然美"是人类的感官感受的结果，是感性的。人类的五官是人类感受现实世界的工具，天空的颜色是眼睛看到的，花草的香味是鼻子嗅到的，光滑的石壁来自手的触觉。这些体验是来自感官的直接体验，无须太多的思考。所以，康德认为这种"本能反应"是自然而然的，并将其概括为"自然美"。自然美是人们凭借本能所感受到的东西，是感性的，而"崇高美"来自人的理性思考，是审美达到的理性的自由。虽然崇高美与自然美是不同的，但二者之间也是相互联系的，崇高美可以被自然美激发出来。反过来，人们在欣赏崇高美的过程中也有利于培养观赏者的意志品质和文化修养。认识到二者的区别和联系，这是康德美学思想的独到之处。

康德在《判断力批判》中提出了审美无利害关系论，认为美感是一种摆脱了欲望、利益和道德等一切束缚的愉快感，也是一种没有利害关系的自由的愉快感。与此同时，美感也是快乐且纯粹的。人们在鉴赏艺术和体会美感时，应该抛开金钱、道德、欲望等，自由地感受美所带来的愉悦。

席勒是美育概念的提出者，是德国诗人、历史学家、美学家，是德国古典主义文学的创始人之一。《美育书简》是其美育思想的代表作，在人类美育历史上具有划时代的意义。席勒提出"美育"时正值法国大革命结束，当时德国的统治者倚靠暴力登上政治舞台，但由暴力维持的秩序却不能驯服人心，这对席勒的内心产生了巨大的冲击。身处这种情况下的席勒，一方面对暴力给时代留下的印记忧心忡忡，自觉肩负时代的重任，力图在思想上构建时代和谐的秩序；另一方面，希望自己的所学能真正有所用，将自己对美与艺术的认识与时代结合起来，将知识化为力量，希望以此改变现状。

康德将人的心理机能分成三个部分，分别是"认识能力、愉快和不愉快的情感、欲求能力"，这三个部分也被称为"知、情、意"。他在《判断力批判》中做出了对感性和理性具有积极意义的调和："在认识能力和欲求能力之间所包含的是愉快的情感，正如在知性和理性之间包含判断力一样。……判断力同样也将造成一个从纯粹认识能力，即从自然概念的领地向自由概念的领地的过渡，正如它在逻辑的运用中使知性向理性的过渡成为可能一样。"康德在《判断力批判》中将审美判断和目的判断作为两个世界的交汇点。

席勒继承了康德的"美是桥梁"的观点，并却超越了康德的局限。为了使国家成为和谐的国家，席勒提出美育，以此治愈人性的分裂，促进社会的和谐。

席勒设想了"审美王国"的美好未来，将审美王国视为人类的最高追求，拉开了西方美育史的新篇章。在席勒的理想中，他将审美王国作为力量的可怕王国与法则的神圣王国之外的第三王国，即"游戏和外在显现的王国"。在这个王国当中，人们卸下了身上的一切枷锁，并且摆脱了一切不论是物质的还是道德的强制。"在审美的国度中，人就只需以形象显现给别人，只作为自由游戏的对象而与人相处。通过自由去给予自由。"人的自由是全体的自由，这个自由同时存在于每一个个体中，并体现出整体的自由意志。

席勒以高度的责任感在人类的文明史上竖起美育的旗帜，将美育的作用提升到改造国民性的高度。在今天看来，美育对人精神的关照起着极为重要的作用。

黑格尔是德国古典哲学的集大成者，构建了包括逻辑学、自然哲学和精神哲学在内的哲学史上最完整、最宏大的哲学理论体系。《美学》一书是其理论体系的重要组成部分。他的美育思想的核心与席勒的美育思想有异曲同工之妙，即"审美带有令人解放的性质。"虽然黑格尔的美学最终走向绝对唯心主义，但是在基于辩证逻辑的演绎方法上，他的关于美是理性与感性的统一、美是形式与内容的统一、美是主客观的统一等思想在美学史上却具有里程碑式的意义。他对于美本体论境域的辩证认识确实得益于他引以为傲的辩证法。

此外，黑格尔使美学走向艺术哲学，将美育引申为艺术教育的理念，但这也被后人所诟病。他的观点"实际上艺术是各民族最早的老师"，片面夸大了艺术的作用。有学者甚至认为黑格尔的《美学》本质上是艺术学的论著，其在美育方面的研究只在一定程度上继承了席勒的思想，而并没有开拓崭新的领域。我们在研究黑格尔的美育思想时应当深入分析其对于美的辩证逻辑，肯定黑格尔辩证法在美学方面的运用，同时要看到其浓重的唯心主义和神秘主义色彩以及将美趋同于艺术的片面性。

18世纪至19世纪，关于西方美育思想除了德国古典美学大放光彩外，还有俄国以车尔尼雪夫斯基为代表的现实主义美学、德国以立普斯为代表的"审美的移情说"、意大利以克罗齐为代表的"艺术创作与欣赏相统一""直觉即表现亦即艺术"等美学流派与学说，丰富了同时期西方美学和美育发展的内涵。

四、20世纪至今

20世纪，西方美学流派繁多、百家争鸣。前期以精神分析学派、现象学、早期法兰克福学派、西方现代神学、美国实用主义思潮和西方现代教育理论中的美育思想为主，涉及哲学、神学、教育学、心理学等多个维度。后期以汉斯·格奥尔格·伽达默尔、哈罗德·布鲁姆、理查德·罗蒂等当代重要思想家的美育思想为主。

历经两千多年的发展，进入21世纪，西方美育思想面临新的发展环境——人工智能环境，必将呈现新的发展态势。

西方美育思想自古希腊时期至21世纪的当下内容浩瀚，从总体上看，西方美育思想肇始于对美的探讨，起源于美学研究，从美的本体论转向美的认识论，从美的美育实践回归到当下美学与美育研究的多元化倾向，在历史的进程中描绘了人类社会对美和美育探索的精彩图式。

第三章　高校美育教育历史与现状

近年来，我国高校美育教育取得了较大的成绩，但美育仍是高校教育中的薄弱环节。要充分发挥高校美育的育人功能，就要分析美育教育中存在的问题，才能进行美育教育的创新。本章分为高校美育教育的发展历程、高校美育教育取得的成效、高校美育教育存在的问题三个部分，主要包括高校美育教育的初春、复苏、初步探索、深入探索、规范发展阶段；高校美育教育文化建设、课程建设及育人成效；高校美育教育目标、内容、方法、评价方式和载体方面存在的问题等内容。

第一节　高校美育教育的发展历程

一、高校美育教育的初春阶段

清末是美育政策的萌芽期，壬演学制与癸卯学制的建立使美术与艺术教育纳入正规的教育制度中，也为美育的登场提供了较好的契机。之后壬子癸丑学制将美育纳入教育方针中，主流教育界对美育做出了全面的肯定和倡导。在蔡元培的治理下，美育在教育改革中得到较好的落实，其目标是培养国民健全的人格，要以美育完成其道德培养，并规定师范教育也要实施美育这一基本要求，明确了美育在教育中的地位。而后颁布了王戌学制，虽然对美育的提倡度不及民国初年，但为学校美育的发展指明了方向。

新中国成立初期的美育呈现出蓬勃向上的势头，我国确定了德、智、体、美等全面发展的教育方针，美育具有独立的而不附属于其他教育类型的地位。学校的教学任务和课程设置明确了美育教育的目标和要求，师生投入美育教育的积极性极高。在该阶段，美育教育主要学习苏联的经验，更为注重对艺术技艺的学习，在具体实施中与我国的实际情况有所脱离。20 世纪 60 年代初期，有专门讨论美育在教育中的重要性的文章被刊登在期刊上，课程设置中也出现了少量课时的艺术课程，美育教育再次得到重视，但这没有从根本上改变轻视美育的社会大环境，美育的地位在总体上还是有所下降。

二、高校美育教育的复苏阶段

20 世纪七八十年代，教育方针中的美育并没有被作为独立的教育类型提出，而是贯穿德育、智育、体育的全过程。美育教育在这个阶段分化出了地域差异，东部沿海地区的美育教育受到了一定重视，并取得了一定成绩。美育教育在学校得到重视的同时，在社会层面也受到了相应的重视，当时出现了中华全国美学学会等社会性的美育机构。并且在当时召开了多次全国性或地方性的美学、美育会议，每次会议都强调了美育在精神文明建设中的重要性。全国范围开展的"五讲四美"活动是美育教育在生活领域的具体化，对高校美育教育的普及起了很大的作用。

三、高校美育教育的初步探索阶段

1988 年，国家教委在全国高等教育工作会议上颁布了《在普通高等学校普及艺术教育的意见》，提出高校必须重视美育教育。1989 年印发的《全国学校艺术教育总体规划（1989—2000）年》提出高校要增设艺术选修课程，建立专门的艺术教育管理机构，完善艺术教育方面的规章制度。这是我国第一个理论与实践相结合的艺术教育规划。1993 年发布《中国教育改革和发展纲要》明确提出美育对于培养学生健康的审美观念和审美能力，陶冶高尚的道德情操，培养全面发展的人才，具有重要作用。1996 年，国家教育委员会发布了《关于加强全国普通高等学校艺术教育的意见》，提出高校要培养大学生的马克思主义审美观和艺术观，规范高校艺术教育管理，改善教学条件等要求。

这个阶段国家对高校美育教育愈发重视，但对美育的重视程度还不足以与德育、智育、体育并列，提及美育也多以艺术教育指代。美育在教育方针中的地位仍不明确，表述不具连贯性，美育若隐若现，或被抹去或被掩藏在"等"字之中。学术界以高校美育为研究主题的文章开始涌现，主要包含了高校美育教育的性质、意义、特点、地位、任务、作用等原理性研究；高校图书馆和校园环境等美育基础设施建设；对高校美育教育的实施进行探讨，并从美育社团建设，美育管理、课堂教学、教师素养等角度进行分析；分析美育与体育、思想政治、艺术教育之间的联系等。该阶段对学校美育教育的研究更多的是理论性的分析和研究。

四、高校美育教育的深入探索阶段

1999—2014 年，国家出台了大量文件，强调美育对人才培养和国家发展的重要性，美育在教育方针中的地位得到恢复，政府方面和社会方面都为学校美育教育做出了努力。高校美育教育已经有了一定的基础，每年发表的研究成果数量也较为稳定，美育的研究范围扩大，研究的主题更加具体，研究角度更加多样，研究内容也更为深入。美育的原理研究仍是高校美育研究的重要模块，美育思想的研究也成为重要的研究主题。强调美育在育人方面的渗透性作用，重视美育在具体学科和课程中的体现。高校美育课程的设置、美育课程的教学、美育活动的开展和美育课程的考核成为高校美育研究的重要模块。开始有学者认识到专门的美育教材建设的重要性和教师在美育实施中的重要作用。高校美育的实施得到重视，提出高校美育教育的实施必须重视实践环节。高校美育教育建设的系统性进入高校美育的研究范畴。高校美育的育人作用被充分发掘，明确了美育在提高大学生的综合素质水平、培养大学生的创造创新能力和健康完整的人格方面的必要性。部分学者开始从心理学的角度，使用量化的方法进行高校美育研究，并且出现了关于高校美育的个案和地域性研究，有针对性地对高校美育工作的实施情况进行分析。

五、高校美育教育的规范发展阶段

2015 年至今，国家陆续出台了诸多政策和意见，在美育课程上要做到学科之间的融合，学段之间的衔接，要整合各阶段的目标，将美育教材融合贯通。在教学改革上，要将美育课程开齐开足，要以学生发展为中心，开展多种形式的美育活动，对美育的评价方式进行改革，促进学校艺术学科的创新与发展；在加强美育师资队伍建设上，提出要强化补充、提高质量、加大激励三种方式；在统筹整合社会资源上，要结合教师、教学、场馆资源进行；为保证目标、任务和措施落到实处，要强化组织领导、细化制度建设、加强宣传引导，为学校美育的发展营造良好的氛围。

在如今这个新时代，人们对精神世界有着较高的要求与标准。如今的人们有着更高的审美意识，崇尚自由。在审美方面的内容，形式较为多样。高校要以美育发展为基础，根据国家制订的相关美育政策，对美育理念有更加全面深入的认识，保证高校更好地开展美育工作，实现高校美育活动的有序发展。

总之，我国自新中国成立以来不断在推动高校美育的发展。在不同时代背景下的学校美育教育具有不同的时代特征。高校美育教育在不断地稳步发展，取得了较大的进步与成就。

高校作为美育实施环节的最高阶段，就应承担起相应的责任，要结合相关政策与本校的实际情况采取有效措施，弥补基础教育阶段美育的缺失和不足。高校应着力解决好美育发展过程中存在的问题，保障美育实践的顺利进行，使学生能抓住美的本质和美的规律，逐步形成正确的人生观，实现全面发展。总而言之，高等院校美育教育工作在开展过程中整体发展较好，取得了一定的发展成就，高校美育教育工作的开展为我国整体美育改革奠定了一定的发展基础。

第二节　高校美育教育取得的成效

一、高校美育文化建设成效

随着当今社会信息化和全球化的飞速发展，部分西方发达国家的审美文化被引进中国。学生作为最容易汲取外界知识的主要群体，思想和精神深受其影响。中国新时代教育事业的发展格外注重对学生传统文化自信的培养，以此来提升国家文化软实力。中国美育文化建设的担负着传统文化传播、综合素质型人才培养的重要责任。高校作为中国美育文化建设事业的重要场所，为此发挥着至关重要的作用。因此，高校美育文化建设成为新时代我国教育事业的核心任务。各美育文化建设部门积极响应，社会美育、家庭美育与高校美育相辅相成、相互补充、协调发展，取得了显著的美育成绩。

近几年，我国美育文化建设取得了十分显著的成绩，新时代愈发激烈的文化竞争也要求我国美育文化建设要向更深更远发展，使美育文化的建设成果在全体人民之中得到更广泛的普及。迈入新时代以后，我国加快了对美育文化建设改革与创新的发展速度，各项相关纲领、政策纷纷出台并发挥了重要作用，使美育文化效果更加明显。面对新制度、新纲领的出台，各教育部门纷纷积极响应，并在具体美育实践中将美育文化建设的举措、设施、思想加以改善，美育育人效果更加明显。

高校美育文化建设作为树立新时代青年中华传统文化自信心的重要途径。高校美育建设的育人本质是提升大学生的审美鉴别力，端正学生的审美价值理念，以审美教育学生成为全面发展的高素质人才。在多元文化的时代背景下，高校美育文化的建设方向是以审美教育的育人属性使学生对不同文化进行鉴别，引导学生通过审美解读不同文化蕴含的精神内涵，尤其是在对传统文化知识的审美学习中，学生通过审美教育解读传统文化的审美思想，并感受传统理念的真、善、美；通过对传统文化审美内涵的深入理解获得审美体验，从而产生民族自豪感；构建具有传统文化特色的审美教育体系，不仅能充分发挥传统文化的审美功能，也可以实现对传统文化的传承与创新，使传统文化时刻保持时代活力。为此，大学生的传统文化知识的普及与学习得到了当代美育文化建设的空前重视。高校审美教育建设中，将优秀传统文化与美育教育巧妙融合、相互渗透，使学生在美育过程中受到中华传统文化潜移默化的影响，并在审美创造的实践过程中弘扬传统文化，并以此获得美的享受。

在美育文化飞速发展的过程中，高校美育文化建设始终要回归到以学为主的审美育人本质。学生群体是高校美育文化建设的主体。部分学者认为，要更加深入发掘美育的育人价值，加大对学生主体的教育力度，以"立德树人，以美育人"为学校美育建设方向，培养拥有健康品格的高素质人才。传承中华美育精神是高校美育文化建设的核心内容，高校应在美育文化建设中解读传统文化内涵，并把握传统文化中的美，分析文化中蕴含的美的规律，并以此提升当代大学生的审美创造能力，为社会培育创新型审美人才。德、智、体、美、劳五育协调发展成为现代高校教育的基本原则，具有综合能力的高素质人才成为了新时代背景下的主要社会人才需求。高校美育文化建设要通过引导学生通过解读中华文化内涵，弘扬民族精神获得审美素养的提升。美育与德育息息相关，在学生接受美育的过程中，既是对学生审美素养的塑造，也是对学生高尚品德的塑造。

随着当今时代的飞速发展，美育文化建设面临着全新的机会与挑战，因此，始终要以坚持不懈、勇于创新的态度构建新时代高校美育文化建设体系，以发展的眼光看待美育建设中遇到的问题。如今高校审美教育要求对美育文化建设方式不断丰富，在高校的通识课教学建设中，要更加注重融合传统文化与各学科之间的特点，引导学生产生审美兴趣，以学生为中心，注重美育教学效果的提升。进行审美教育改革就要不断丰富和改进其方式方法和教育体系，尤其在高校内，要努力实现美育教育理论和具体教学实践的有机融合。另外，高校美育文化建设要与社会美育相结合，引导学生养成审美习惯，提高学生在日常学习生活实践中发现美和创造美的主动性。研究发现，艺术通识教育的审美价值引起了高校审美教育研究的广泛关注，随着美育建设日益受到学校与其他教育部门的重视，更多的教育工作者在教育实践中发现了问题，单一的学科与过于专业的学术语言往往会阻碍美育文化知识的普及和传播。为此，美育教师要引导学生在艺术通识教育中发现美的规律，以艺术美对学生进行审美熏陶，带领学生参加审美创造实践等，使艺术通识教育普及学生审美知识，帮助学生树立正确的审美价值观念，激发学生审美创造创新思想，建设健康校园美育环境，营造美育课程和谐氛围，促进学生全面发展。

二、高校美育教育课程建设成效

近年来，国内不少高校在人才培养中重视美育的融入，通过专业教育与审美教育的深度融合，使学生感受到科学技术所蕴含的本质之"真"和规律之"美"。在专业课程美育融合方面，北京大学在理科专业开设了众多专业课程与美育教学融合的课程。以清华大学为例，学校创新机制，实现三全育人，将理论知识、实践能力、人生价值合而为一，在学校层面依靠专责机构负责美育教学，统筹调配设置美育资源，支持、帮扶了一批专注于艺术领域的社团，利用网络渠道向全校学生普及美育，构建无死角美育工作体系。再如浙江大学，充分认识美育的培根铸魂功能，整合全校美育优质教学资源，建设高水平美育师资队伍，统筹规划学校美育发展，将美育工作的目标和举措纳入了学校章程，推动美育与体育等素质教育的并行发展，取得了人才培养的显著成果。这些高校的先进做法准确地理解和把握了我国高等学校的育人目标，从制度设计上为各高校推进大学生美育教学提供了范本。

通过对现有文献资料进行收集和考察可以发现，我国高校美育课程由于具体内容不同，可分为基础理论课程、艺术美育课程、学科美育课程、综合美育课程、审美实践课程五大类课程。

（一）基础理论课程

高校美育基础理论课程是课程体系的主干与核心，主要包括美学美育理论及各种类型美的基本理论知识。美学美育理论知识包括美的本质与形态、美的特征与范畴，美育的涵义与性质、美育的任务、美育的途径与功能等内容；各种类型美的基本知识即学习自然美、社会美、科学美、艺术美的含义、特征、形态、要素等知识。学生通过基础理论的学习，应明晰"何谓美""何谓审美""如何审美"等一系列美育的基本问题，为审美实践和正确的审美观树立奠定基础，主要课程为"美育学概论""现代美育理论""美学原理"等。如果高校美育课程缺少基础理论课程，则美育也就失去了根基；没有理论的学习，后续的审美体验也就无法进行。

（二）艺术美育课程

艺术美育是以培养人的艺术兴趣、美的情操和审美能力为主要任务的教育，因其审美内容丰赡、美育效果显著，所以是实施美育的主要途径。艺术美育课程是以各种艺术形式的审美意象为表现手段，对学生进行审美教育的活动，具有人文性、愉悦性、创造性的特点，由艺术史论课程、艺术鉴赏课程、艺术技艺课程三部分构成。艺术史论课程就是研究艺术学的基本知识及各个艺术门类的历史和理论，如"艺术学概论""美术概论""绘画美学""影视美学"等。通过理论学习，学生能够掌握各艺术门类的基本理论知识，具备艺术赏析与评鉴的基本能力，提升审美认知与审美态度。艺术鉴赏课程是"以艺术形象为对象的审美活动，是欣赏主体的感官接触到艺术作品而产生的审美愉悦，是对艺术作品的接受——感知、体验、想象、再创造等综合心理活动"，如课程"绘画鉴赏""书法鉴赏""戏剧艺术鉴赏""影视艺术鉴赏"等。通过艺术鉴赏过程，学生能够培养审美感受力与审美鉴赏力，获得审美心理的充实与平衡，实现更高境界的人格修养。艺术技艺课程以各艺术门类的技法和技巧为主要内容，适当的技艺训练有利于学生更好地进行审美鉴赏与审美塑造，且娴熟高超的技艺使艺术作品更有韵味，如课程"泥塑技艺""插花艺术技艺探研""摄影技艺教程"等。艺术美育课程不是为了培养"艺术家"，而是充满情感力量与人性内涵的感性教育，用丰富可感的内容、多变的形式和深刻的人文底蕴，使学生在掌握艺术基本知识、拓展艺术经验的同时，提升审美感知力、理解力、鉴赏力与创造力，促进"非智力因素"的发展，从而"塑造健全的人格，使艺术素养与艺术能力得到整合发展"。

（三）学科美育课程

学科美育又称为专业美育，学科（专业）美育课程是以学科（专业）为审美对象，探究各学科（专业）中蕴涵的美的形态与规律，强调学科（专业）知识与审美视点的有机融合，具体可分为文科艺体类美育、理科美育、工科美育三大类。文科艺体类美育课程包括文学美学、体育美学、艺术美学等；如文学美育课程中，作品的语言美与思想美、人物的形象美；艺术美育中，音乐的音符美、旋律美、节奏美，绘画的构图美、线条美、色彩美，书法的刚劲美、章法美、意境美，摄影的构图美、影调美、光线美，戏剧的舞台美、语言美、立意美；体育美育课程中，有张弛有度、形神兼备展示刚柔相济之美的武术运动，也有战术多样、速度灵敏展示矫健美的球类运动，还有形态优美、动作与音乐结合展示神韵美的体操运动，直观形象的体育美学体现了"力与美的和谐，是一种健康与审美的教育"。理科美育包括数学美学、化学美学、地理美学、物理美学、医学美学、生物美学等，如数学中符号的简约美、公式的结构美、数字的神秘美，化学中物质的形态美、现象的奇幻美、规律的严谨美，地理中环境的生态美、景观的和谐美、人文的精神美，物理中公式的对称美、图像的简洁美、逻辑的严密美，医学中人体的结构美、医术的科学美、护理的人性美，生物中素材的自然美、形态的结构美、逻辑的科学美。理科因其体系、结构孕育着无与伦比的和谐美，是一种"本原"形态的美的学科群，而美既受制于人的感受机理，也受制于自然机理，故理科是自然机理中最强烈、必然的共鸣源，寓美于理科教学是必然的。工科美育包括建筑美学、风景园林美学、材料美学、机械工程美学、计算机美学等，如建筑的形式美学、结构美学、风格美学，风景园林的景观美学、空间美学、设计美学，材料的工艺美学、形态美学、应用美学，机械工程的设计美学、机器美学、产品美学，计算机的图像美学、艺术美学、网络美学。技艺结合的工科审美教育强调在知识技能传授的同时，注重学生科技美、抽象美、技术美的教育。学科美育是通识美育的深化，通过学科审美的教学，不仅能提升学生美的鉴赏能力，还能培养学生的创造性，促进学生专业审美素养的提升，使学生成为一个健全的人。

（四）综合美育课程

综合美育课程是以美的本质和规律为视点引导审美活动，以实现多学科之间的大跨度和深度联系，通过强化审美素质与人文素质、科学素质、道德素质、身心素质等的一体交织，力促积极价值观和健全人格的形成的新型综合性学校课程，具有基础性、跨学科性和综合性。有的高校开设了"大学美育""审美·跨界""高校美育"等综合性美育课程，通过对现有的综合美育课程进行分析，可以看出其主要内容由两部分构成，一是美的基本理论，包括美的概念、美的起源、审美活动本质、审美形态、美育特点、美育任务等理论性内容；二是美的基本领域即美与多学科、与人生各领域的联系，如艺术美、自然美、社会美、科学美、人生美等具体审美的概述及实践指导，虽综合或跨界的领域有所不同，但都体现了高度的综合跨界性。

（五）审美实践课程

审美实践课程是以一定的审美知识、审美的规律法则和审美技巧为指导，以社会生活为素材，运用审美创作方法，塑造审美形象，进行自由创造的课程。审美实践课程的场地不拘泥于室内课堂，其具体内容形式也呈现多样化，有室内的美育作品创作，如"绘画创作""服装设计""戏剧沙龙"；也有室外的社团美育活动，如"高雅艺术进校园""美术作品展""美育季"等活动。审美实践活动是审美理论课程、审美鉴赏课程的继续和深化，体现了理论与实践的完美融合，具有任何课程无法代替的功能和作用。审美实践的过程也是学生的精神实践，体现了学生极具个性化的思想、情感和人格，通过审美实践，能提升学生的审美创造力，达到审美素养的至高境界——实现美的自我塑造。

三、高校美育教育育人成效

为了统筹推进美育工作，不少高校成立了美育工作指导管理机构，由学校领导分管美育工作，同时设立了独立的美育或艺术教育部门，诸如公共艺术教育中心、美育教研室、美育教学部等。以四川大学为例，学校通过一系列创新机制鼓励支持美育工作的开展。校内成立美育工作委员会，由学校党委书记总负责，体现了对美育工作的指导和决策部署的重视。团委、教务处等部门牵头，针对全体学生开展多种类的美育教学和丰富的实践活动。此外，学校专门设美育分校，分校校长由学校负责统筹学生工作的党委副书记担任，副校长则由教务处主任担任。学校安排了专门的教学场地，此外还划拨资金采购设施和支持运转。不少理工类高校注重美育师资及教育教学能力的提升，如北京理工大学定期开设美育创新师资培训讲座，不断优化美育实施方案，形成了全员美育的工作氛围。

面对高等教育人才培养改革的不断深化，高校美育工作紧扣自身办学定位，对接新工科建设，服务"卓越—拔尖"计划2.0、未来技术学院及现代产业学院建设等改革项目，创新了一系列评价考核平台和机制。一些高校打破了常规的指标化考核方式和绩效要求，在相关基础数据达标考核的同时，更多地关注美育的衍生性影响，将其对理工科大学生综合素质的提升成效作为评价标准。例如，西南大学基于培养德、智、体、美、劳全方位发展的新时代社会主义建设者和中华民族伟大复兴的接班人的目标，根据本校实际情况以及《普通高等学校本科专业类教学质量国家标准》的基本要求，结合严格按照专业化认证标准的核心理念，组织开展学生培养方案的修订工作，并尝试在培养环节中新增设美育学分。具体操作体现在各专业的培养方案中均规定了学生必选2学分的美育类课程，同时为了提高学生参与美育培养的积极性，将美育活动的学分认定也纳入了美育类课程中。高校通过学分认定提升了美育的重要性层级，使得美育课程及活动与专业课程的学习并驾齐驱，共同为学生的全面发展保驾护航。苏州大学则将美育课堂教学与本科生培养方案进行融合，着力从底层设计上打破美育教学长期遭受的不公平待遇和专业课配角的地位，力求将美育课程变为人人要上、人人想上、人人抢上的热门课程。在课程体系设计上，该校坚持多角度、多元素、全过程的设计理念，逐步构筑美育育人体系，通过充分利用校内资源和实施校地合作，将古城苏州的水、美、艺请入课堂、搬上讲台，将富有江南水乡特色的文化实践课程、美育实践课程塑造成标杆和示范，开展普及度高、接受性强的校园美育工作，并在此基础上与苏州市教育局共建苏州美育协同创新中心。此外，高雅艺术进校园活动、大学生艺术展演、美育慕课、中华优秀传统文化传承学校和基地创建等项目，依托第二课堂、学生社团、校外实践教育平台和互联网为广大大学生搭建起了全方位、全时空的美育教育平台。

在高校美育教育的基础上，大学生的审美现状呈现出审美认知健康向上、审美移情体验丰富、审美意志普遍坚定、审美实践形式多样的积极倾向。

（1）审美认知健康向上

审美认知是审美心理活动的第一阶段，是审美知情意行系统的重要部分，为审美情感、审美意志和审美实践奠定了认识论基础。大学生的审美认知直接决定了他们的行为选择，决定了他们的自身发展，甚至会影响社会和国家的发展。身体之美包含人积极向上的精神面貌、富有活力的生活热情和健康的心灵品质，与长相好看与否或身材的胖瘦并无关系，大学生对身体审美的认知大体上是健康向上的。

（2）审美移情体验丰富

审美移情是主体在与审美对象的交互之中，将自己所产生的情感加诸审美对象之上，使审美对象似乎有了与主体相同的情感。

对于这种"感时花溅泪，恨别鸟惊心"的情感体验，大学生都有过类似的审美移情体验。

（3）审美意志普遍坚定

大学生拥有坚定的审美意志是实现审美理想的必要条件。大学生在追求审美理想的过程中，能否克服自身的心理障碍和外界的阻碍，最终实现预期目的是值得人们关注的问题。在审美、创造美的过程中，大学生能够克服外界、心理障碍等阻力，其审美意志是普遍坚定的。

（4）审美实践形式多样

大学生是极富创造力的一代，大部分大学生参加过审美实践活动。例如，参观博物馆、美术馆等公共文化设施，参加学校的社团活动或文艺活动，进行过文艺创作或表演；关注生态之美，参与过美化环境。高雅的音乐也是陶冶情操的一种方式，有很多学生参加过音乐会。可见，大学生审美实践活动的形式是丰富多样的。

第三节 高校美育教育存在的问题

一、高校美育教育目标设置问题

高校对接地方经济，为地方经济培养全面发展的创新型人才，促进地方经济快速发展。作为全面发展教育目标的重要组成部分，美育在高校中存在感较低。高校整体上能够坚持正确的指导思想，坚持立德树人，坚持以培养人的全面发展为主要目标，但是落实到具体院系存在着对美育重视不足的现象。

第一，从学校对于通识教育模块的整体划分可以看出，德育系列占比最大，美育相关教育与哲学、自然科学等一并包含在通识素质教育选修系列中，并且学校不对美育相关课程做强制性选修要求，学分上也没有单独列出。根据课程安排而言，美育课程被多个学院同时承担，对于课程的划分也比较模糊。

第二，从人才培养中可以明确看出个别高校对于美育存在模糊认识。一是没有将德育与美育相分离。在以往的教育理念中，德育包含了除智育与体育之外的所有教育。德育的基础就是情感。情感是道德活动的核心，通过表情信息促进社会个体感同身受和相互理解，从而诱发道德动机，并由此促成道德行为，因此才会有"德、智、体"一说。但是，随着我国教育领域的改革与发展，美育和劳动教育被逐渐单独分离出来，情感同样可以作为审美活动的灵魂。美的形象可以赋予情感以形式，情感可以反向赋予美的形象以灵魂。在教育领域提倡的"德、智、体、美、劳"五育之中，美育也是与德育契合程度最高的。审美教育是道德培育的最理性路径。二者之间的诸多联系也是导致高校美育与德育相混淆的原因之一；二是没有正确区分出美育与艺术之间的关系。当前学术界已经明确审美包含自然美、社会美、艺术美等三大主要部分。对于大学生而言，艺术美是最典型的审美对象。也正是因为这个原因，导致一些高校将美育与艺术教育相等同，用"艺术"来代替"美"。不管是课程安排还是教学质量评价，美育都在被不同程度的边缘化。有个别高校除了艺术学院要培养专业的艺术人才之外，其他的各种与艺术相关的内容只是用来帮助大学生缓解学业压力，并无特殊作用。

第三，高校美育育人目标较为模糊。高校普遍借助德育思政类课程来实现美育的培养目标。

二、高校美育教育内容的设置问题

当前，我国高校美育课程建设稳步推进，但是，目前的高校美育课程体系仍缺乏顶层设计，存在与当前教育改革发展的要求还不相适应等的问题，主要表现在以下几个方面：

第一，尚未建立起完备的高校美育课程体系

高校的美育课程是高校实施开展美育的基础。部分高校存在开设的美育课程数量较少、课程内容较为陈旧、课程形式单一等问题。

第二，高校美育课程理论与实践衔接不到位

高校的美育课程大致分为两类。一类是课堂教学，包括非艺术专业通识选修的艺术鉴赏课、人文素质课等，艺术专业学生音乐、舞蹈、器乐的技能训练课程；另一类则是课外实践活动，如校园艺术节等。然而，美育理论与美育实践的合力效果不尽如人意。

第三，高校美育课程与专业课程相脱节

目前，高校美育课程所采取的传统灌输式的教育教学模式不符合美育规律和美育方法，缺乏向专业课程的融入和渗透。

一是，高校美育教师师资力量薄弱。不少高校的专职美育教师与在校生之比低于 0.1%，这说明高校美育教师与高校学生人数的比例非常不协调，高校美育教师的严重不足也直接决定了高校开设美育课程数量的不足和质量的难以保障。

二是，高校美育教学质量难以得到全面保障。在高校美育教学过程中，各高校均是由艺术专业教师或文学专业的美学教师、文科教师或有艺术特长的教师"客串担任"，因此在岗美育教师的教学能力各异、美育修养也参差不齐，这也造成了教学质量并不能完全保证。

三、美育教育评价方式存在的问题

各高校的对美育的评价体系较为粗泛，难以适应全方位的高品质美育的推广。在学生层面上，仅仅以分数作为评判学生是否接受过美育的依据，显然较为片面、单一；在教师层面上，由于没有完备的考核体系，使教师对美育开展没有足够的动力和吸引力，从而影响了美育教学质量。

第一，评价标准单一，忽视美育学科特性

美育作为一门相对特殊的学科，在其进行教学效果评价时，不能沿用普通学科的一般标准，而应该充分考虑美育的学科特性，并将其影响因素纳入标准编制当中，重视美育教学效果评价。

第二，评价主体单一，过于强调学生地位

现行的教学效果评价过程将学生的地位提得很高，不管是学生对于课堂的评价，还是学生对于教师的评价，虽然都旨在关注学生的学习体验，但是却忽略了其他影响因素。

第三，评价反馈机制缺失

美育教学评价结果影响美育教育教学改革，教学评价的意义之一就是导向和监督功能，通过美育评价对美育教学进行诊断，不仅在于促进美育教育质量的提高，更关注学生在学业、综合素质、发展潜能等方面的现状、矛盾和问题，通过教学效果反映问题原因，利于"对症下药"。

第四章 高校美育教育目标与内容创新

高校应明确美育的教育目标，注重美育的内容创新，以促进学生完整人格的养成。本章分为美育目标的一般构成、高校美育教育的目标分析、高校美育教育的内容创新三部分，主要包括高校美育的价值目标、美育的终极目标等内容。

第一节 美育目标的一般构成

一、价值目标

在美育的目标体系中，价值目标被界定为人所从事的活动的总体目标。与美育的终极目标相比，它体现出现实性的特征，并具有一定的可操作性，能够对教育的阶段性和特定的教育评估起到指导作用。这类目标在总体目标系统中起着承上启下的作用，既是最终目标的具体化（承上启下），也为具体的审美教育目标的确定（开始）起着指导作用。目前，美育的基本目的之一是通过审美教育提高个人素质和技能，从而在工作和生活中获得更大的优势。这类价值目标能够达到显著的效果。例如，在审美专业课程的学习中，系统地把握审美知识体系的价值目标；在选修音乐、美术、舞蹈等艺术课程的学习中，达到掌握一门艺术技能或提高艺术鉴赏能力的价值目标；在观赏大自然或人文景观中，感受大自然的宏伟壮观和人类精巧的创造，从而赞美大自然、赞美生命。从一定意义上讲，美育的价值目标就是美育的现实性目标，是在当前的审美教育中通过规划和实践能够达到的美育境界。

二、终极目标

与价值目标相比，终极目标其实是最高的目标。审美教育的最终目标是建构精神人格完整的人。就像马克思说的："创造着具有人的本质的这种全部丰富性的人，创造着具有丰富的、全面而深刻的感觉的人。"可以说，审美教育的最终目标是人的生命价值，追求人的自由与全面发展。

审美以批判现代性、反对工具理性为主要特点，以美为主体，实现了人的超越性，从而实现了审美的境界。人的根本属性是社会性，个体不断地完善人格，在一定程度上促进了国家体制的健全，促进了社会的发展。因此，人的和谐对一系列社会问题具有积极的意义。

第二节　高校美育教育的目标分析

一、高校美育的总体目标

新时代高校美育应以建立学生审美观念为核心，以树立社会主义核心价值观为重点，以全面发展为目的。高校美育有责任帮助大学生树立正确的审美观念，激发大学生的想象力和创造力，实现大学生全面发展。

（一）以树立学生的审美观念为核心

人的审美观念并非一朝一夕形成的，而是在人的成长过程中逐渐形成的。大学阶段是学生审美意识的形成与发展的关键阶段，如何正确地把握和运用好大学生的审美教育尤为重要。大学生走进了大学，脱离了自己从小生活的圈子，就等于走进了一个全新的世界。在实际生活中，我们可以看到，大多数大学生的审美取向是在往好的方面发展。高校必须加强对大学生的美育教育，提高他们的情趣、情操，培养良好的人生观、世界观。

培养和提高大学生的审美能力是高校美育工作的一个重要课题，即提高大学生对美的感受力和鉴赏力。审美能力是大学生通过对美学理论和实践的内化而表现出来的，主要是指审美的想象力和创造性。美育的教学过程可自然而然地提高大学生的审美的感受力和鉴赏力。

（二）以完善道德品质为内核

美育和德育是辩证统一的，二者相辅相成、不可分割。德育是美育的思想理论依据，对美育具有深远的影响，为美育提供了深刻的思想内涵。美育是德育的重要手段，是德育得以发挥作用的重要载体。德育为美育提供了丰富的精神内涵。美育具有强烈的感染力，这是一般的理论教育所不具备的一种优势，能提高德育的教育效果。将大学生的德育与美育相结合，以美引善，可使大学生在美的享受中受到潜移默化的道德教育。"美"和"善"在某种程度上存在着重叠，德育可以与美育结合起来，发挥强大的人格魅力，从而使大学生的品德素质得到全面提高。高校德育过程是学生思想与思维不断成熟与明晰的过程，而思想的成长是以情感为驱动的，蔡元培在一百多年前就提出了美育具有"陶养感情"的功能。

（三）以助力全面发展为目的

大学生进入大学后，除了要学一些专门知识外，还能拓宽眼界，拓宽知识面。高校的美育可以为这一目标提供一定的推动作用。我国的教育是多方面、多角度的，高校美育课可以在学习和了解美学基础理论和艺术基本知识的同时扩展大学生的知识面，使大学生在接受美的熏陶的同时了解时代、了解社会，学到各种知识。此外，美育还可以调节大学生的大脑机能，起到提高学习效率的作用。大学生在紧张的逻辑思维之后，进行一些轻松的文化娱乐活动，能转换兴奋中枢，使疲惫的大脑得到休息，从而提高学习和工作效率。创新是一个民族进步的灵魂，是一个国家兴旺发达的不竭动力。培养学生的创新能力是我国高校教育的目的之一。完成创新的先决条件就是要有想象力。大学生在审美活动中可以激发想象力，这将极大地拓展他们的思路。美育有利于大学生发挥潜质，提高能力，实现突破与创新。美育和体育都在促进学生的身心健康发展方面起着重要作用，二者相辅相成、互相促进，不可分割。体育锻炼是强身健体、促进身体健康的有效途径。随着生活节奏的不断加快，人们面临的压力逐渐多样化。当代人所说的健康不仅仅指身体没有疾病，还指身体和心理都具备良好状态。因此，除身体素质之外，还要关注学生是否具备乐观积极的心理状态。高校美育与体育相结合可以净化人的心灵，陶冶情操，丰富校园生活，从而达到舒缓负面情绪、促进大学生全面健康的目的。

二、高校美育课程的目标

高校美育课程的目标是高校美育课程的起点和归宿，明确课程目标能够指导课程实施。高校美育课程的目标需明确高校教育的价值取向，以服务为宗旨，以就业为导向，与企业岗位需求对接，将培养学生的审美能力作为基本目标，以培养学生德、智、体、美、劳全面发展为同时目标，强调对学生的审美感知力、审美体验力、审美创造力及精益求精、工匠精神和卓越品质的培养，为促进全面发展的高素质人才发展服务。

（一）高校美育课程的目标定位

高校美育课程目标是美育课程建设的中流砥柱，是课程所要达到的预期成果，准确定位课程目标能够指引课程实施。因此，高校美育以实现时代对高素质人才的培养要求为宗旨，以就业为导向，有目的、有计划地通过各种形式的美培养高校学生的审美素养，同时促进高校学生德、智、体、美、劳等综合素质的全面发展的教育，进而将高校美育课程的目标分为两个层次，其一，以培养高校学生的"审美素养"为基本目标；其二，以促进高校学生的"全面素质"为同时目标。

1. 以"审美素养"培养为基本目标

审美素养是个体在审美经验基础上积累起来的审美素质涵养，包含审美认知能力、审美体验能力、审美表现能力、审美创造能力四个方面。审美认知能力是审美主体通过知觉、想象、记忆、联想、领悟、判断与评价等方式将审美对象作为信息，建构在原有的经验基础之上的一种心理活动。18世纪，亚历山大·鲍姆加滕最早提出"美学"一词，并将其描述为感官认知或者知觉研究的新学科。感官是认识世界的基础，因此，审美认知是审美素养形成的前提条件，对审美体验具有重要影响。审美体验是指审美对象的快感体验，依赖于审美认知对审美对象的分类和理解，使审美主体有审美欣赏的兴趣和态度，分辨和体验美感，从而形成正确的审美价值观。审美表现就是将外界接收和传递的审美信息和经过内化处理的审美信息提取出来，形成表现美的意愿和行为。因此，美育应着重强调审美表现技能的培养，以提升学生的审美表现能力。审美创造将审美认知、审美体验和审美表现调动起来，是指运用一定技法遵循美的本质和规律创造美的事物。以创新为核心的教育是高校的标志特色，培养学生的审美创造力对学生就业与创业、职业技能提高与职业生涯发展具有关键作用。

2. 以"全面素养"培养为同时目标

高校美育课程不仅能够提升学生的审美素养，还能够通过审美素养的提升，以美启智、以美寓德、以美健体、以美促劳，潜移默化中促进学生全面素质的发展，培养身心和谐发展的大学生，落实德、智、体、美、劳全面发展的教育方针，发挥综合育人的功能，实现美育所肩负的时代任务。

（1）以美寓德

美育感性思维的特质，决定了美育潜移默化地陶冶大学生高尚道德情操的功能。审美过程中的移情和情感体验，能够使高校学生具备职业道德的认知与思维，树立正确的职业观念，培养良好的职业态度，树立"爱岗敬业"的美德和崇高的理想，形成求真务实的工作作风。

（2）以美启智

美育具有形象思维的特点，能够促进学生智力的开发，引发学生对事物的客观规律的发现探索，增进对客观世界的认识，激发学生的理智感和成就感，培养学生的逻辑思维、抽象思维和创造性思维，提高学生学习专业知识与职业相关技能的能力。

（3）以美健体

身体素质是一切活动的基础，体育有了审美追求，就能实现健康、强健与美的统一，实现身心的协调健康发展，做到动作协调、姿态优美、塑造健壮且富含美感的身形，拥有健康的体魄；在爱美之心的驱使下，积极参与体育锻炼，磨炼顽强的意志，增强自身体质。

（4）以美促劳

高校劳动教育是围绕职业劳动实践、生产劳动而展开的教育，承担着培养高素质"知识型、技能型、创新型"劳动人才供给和国家工匠培育的时代任务，培养综合素质、创新能力的养成离不开美育的涵养。高校劳动教育按照美的客观规律实现对劳动对象美的塑造，旨在培育具有精益求精、求真尚美的工匠精神及劳动生产技艺、劳动创造才艺的学生。

总而言之，美育对学生的全面素质具有重要的促进作用，高校美育课程目标应关照学生在德智体劳等诸多方面的发展，以美育人，以实现培养高素质综合型人才的宗旨。

（二）高校美育课程的具体目标

美国教育学家布鲁姆的教育目标分类体系，将高校美育课程目标分为认知领域、情感领域、动作领域。高校美育课程目标体系可以此为标准，形成以审美素养培养为基本目标，以全面素养培养为同时目标的目标体系，如表 4-1 所示。

表 4-1　高校美育课程目标

		认知领域	情感领域	动作领域
审美素养	审美认知力	1.了解基本美育及美学知识	1.养成高度审美自觉 2.形成良好的审美趣味、正确的审美价值观 3.唤醒积极的审美情绪 4.具有坚定的审美信念，激发审美热情	1.掌握美的基本技能 2.能用一定的技法表现美 3.能用一定的技法、遵循美的本质和基本规律进行美的创造 4.增强创新意识和能力
	审美体验力	2.对各种美（和谐）的事物，如自然美、社会美、艺术美、科技美、职业美等的观察、感知、体味		
	审美表现力			
	审美创造力	3.理解美与美的本质规律 4.提高审美通感		
全面素养	以美寓德	1.形成使命意识、责任意识、规则意识、奉献意识 2.具备道德美的认知和思维 3.学习美德的相关知识	1.树立"工匠精神""爱岗敬业"的美德和崇高的道德理想 2.形成高尚的道德情操 3.观念、态度、技能、纪律和作风	1.养成良好的行为习惯，掌握道德美的行为规范 2.求真务实、勇于开拓、勤于实践、踏实肯干、与人合作 3.对社会和其他人美德及行为道德的欣赏，予以赞美 4.自我美德的行为表现与创造能力

		认知领域	情感领域	动作领域
全面素养	以美启智	1. 能够感知、识别专业知识和专业知识与技能所蕴含的审美元素 2. 储备大量的专业、职业美的意象，建构审美知识体系，能够对美的形象进行联想、加工、改造和重组 3. 能够根据所学的知识及美的基本理论分析专业、职业美的规律和内涵	1. 形成积极的人生观 2. 激发对专业和职业的持续关注度和兴趣和热情 3. 主动挖掘专业美 4. 培养情感，磨炼意志 5. 养成良好的行为习惯	1. 通过反复操作、训练强化专业美的表现技巧 2. 掌握本专业和职业领域的技能 3. 能够运用专业、技能及美的理论知识，进行作品的设计与创造
	以美健体	1. 掌握体育运动、健康的基本知识 2. 对人体健康和健康运动的正确认识 3. 对健康美、身体美、精神美及体育运动技巧美的认知	1. 对身体健康、肢体强健的追求 2. 身心和谐、健康、愉悦 3. 对优美的形体、端庄的姿态的欣赏与喜爱	1. 掌握规范的体育运动技能 2. 对人体健康和人体运动的审美欣赏 3. 对自我身心健康及运动的审美表现和创造 4. 能够将身体美感的展现和技能结合进行体育运动
	以美促劳	1. 掌握劳动的相关知识 2. 对劳动的正确认识 3. 能够感知并体验劳动过程中所蕴含的美	1. 乐于参加劳动实践活动 2. 培养尊重劳动、热爱劳动的情感 3. 尊重劳动人民	1. 掌握基本的劳动技能 2. 会正确使用劳动工具 3. 对劳动实践的审美欣赏 4. 自我从事劳动实践的审美表现及创造

第三节　高校美育教育的内容创新

一、高校美育的教育内容

（一）审美认知教育

1.审美意识的培育

审美意识是个体在不断地进行审美活动实践中形成的一种期望和兴趣，对个体审美能力产生重要影响，同时作用于个体的审美感知、审美理解和表达创造，对个体的审美体验产生决定性影响和支配作用。对个体而言，审美意识凸显出个体差异性；但是对社会而言，审美意识反映了一种共性特征。审美意识的形成往往建立在既有审美知识的概括以及审美经验的积累之上，是基于认识论而形成的一种个体情感倾向。

在日常生活中，人们的潜意识里有着较为稳定的审美意识，审美意识有自觉和自发的区别。高校美育教育需要提升学生的审美，因此，学生首先需要认识到塑造自我审美意识的重要性，然后结合教师的教学引导及自我的生活积累，构造具有立体型、带有自我特色的审美意识体系。

（1）学生需要从专业角度出发思考审美问题

人们的审美观念往往会受到社会观念、传统文化和自我经历的影响。在不同的视角下，审美意识是具有个体差异性的。在学习阶段，学生尤其要保持开放的心态，充分了解各类审美观念，观察与欣赏相关作品。学生在接受大量的审美认知训练后，成长背景、社会观念等将会影响其审美意识的偏好选择。也就是说，高校学生经过大量的审美意识观念学习及思考之后，能够欣赏具有不同美感的作品，也可以根据自我的独特理解构建自我的审美偏好。从整体上来看，高校学生的审美意识应当是具有立体性的。

（2）培养学生的审美兴趣

人们之所以喜好并追求部分事物，其根本原因是人们对于这个事物具有兴趣。不论是在古代还是在现代，古往今来的艺术家们的创作大多是在兴趣的基础上进行的。同时，艺术家只有兴趣是远远不够的，还需要有充足的实践能力，才能够准确到达学习的领域范围。一般来说，为了满足个人审美需求而做出的一系列改造事物的行为及心理的变化都处于审美兴趣的范围内。在高校美育教学过程中，教师必须引导学生对美产生兴趣，激发学生主动去寻求美、探索美，形成良好主动的审美意识，才能够更好地培养学生的审美兴趣。

教师可以要求学生就审美意识对相关的案例进行研究及学习探讨。例如，学生可以结合著名艺术家的审美观念塑造过程，分析在学习阶段和职业实践阶段审美意识的形成和成熟方法。通过这种方式，学生能够从艺术家的经历中获得启示，深化自己对审美意识的思考。学生的基础审美意识与其喜爱的艺术家可能大相径庭。为了拓展学生的视野，教师可以要求学生展开相关的研究交流，分享学习收获。

现实生活对学生审美意识体系的构建也会产生重要影响。经过专业的审美训练和审美引导之后，学生能够更为精准地提取生活中美的元素，并且根据这些生活元素构建自我独立的审美。在此过程中，学生需要认识到个人审美意识的传递与大众审美意识之间存在一定的区别，大众文化与艺术工作者个人意识构建之间存在明显的差异，区别由此出现。在这种情况下，个人审美偏好与大众审美认知的融合就成为立体审美意识结构构建的关键，这也是审美与应用融合的关键点。对于高校学生来说，艺术实践的重要性不可忽视。

2. 审美基础知识教育

良好的审美观念可以帮助人们更好地体会和欣赏艺术作品，也能够帮助学生们更好地去学习，所以，提高学生的审美观念是非常重要的。要想提高学生的审美观念，就需要加强有关审美知识的输入，让学生能够从内心当中感知艺术品德力量。在具体的教学实践当中，为了更好地让学生理解美，教师应进行有关审美知识的教学，通过审美知识来帮助学生更好地理解美，增强学生的审美情趣。一般审美知识的输入不是刻意的教学，而是将其自然而然地融入到教学实践当中。

同时，教师也要让学生了解相关的理论知识，通过将理论知识与实践知识相结合，帮助学生更好地对艺术作品进行理解。教师要积极地调动学生学习审美知识的主观能动性，引导学生通过掌握丰富的审美知识而更好地调动想象力，进而与学生共同进入审美的美妙世界当中。如果教师的专业能力较差、美学素养不足，特别是对美学美育理论知识掌握程度较低，那么教师就无法有效引导学生掌握良好的审美能力，审美情趣的培育也就无法实现。所以，教师必须加强自我建设和自我学习，掌握必要的美学美育理论知识，并在教学过程中加以应用，以此来提升学生的审美能力。教师有必要花费更多时间提升自我美育水平，采用参考相关文献及书籍的方式，提升自己的美学素养，从而更加正确地引导学生提升审美能力。

3. 对中华传统文化的审美引导

重视传统文化对大学生具有潜移默化的美育作用。高校要立足于中华民族优秀传统文化和社会主义核心价值观，加强对传统文化的审美引导，例如，可以在校园内大力开展"弘扬优秀传统文化"系列主题活动，举办书法比赛、汉字听写大赛、中华古诗词朗诵大赛等校级活动；不定期邀请美育类、艺术类和文学类的专家学者和民间艺术大师来学校举办讲座普及美育知识，定期开展以"美育"为主题的论坛和文化沙龙；打造以我国传统文化发展的历程、特点、前沿问题为主题的一系列美育学术讲座等，通过一些列活动，既在一定程度上继承和发扬了中华传统文化，也在潜移默化中提升了传统文化的审美价值。

（二）审美情感教育

美，只有在拥有审美情感的眼睛中才会被显现。审美情感是审美主体对审美对象的态度和体验，是一种积淀着深刻意蕴的高级情感。它不同于日常情感，是在一定审美理想（人向往、追求的美的最高境界）的关照下，对自然情感加以提炼、凝聚、升华并给以精湛的艺术定型，是对日常情感的审美超越。审美情感产生的是心灵的自由、精神的愉悦，不只是审美活动中某一阶段的产物，而是贯穿审美活动的全过程。审美情感以"忘我"为核心，具有超越性、丰富性、自由性和创造性。

在我们所处的时代，信息量激增，知识经济初见端倪，社会竞争激烈，人与人之间的交往更为广泛，人们所要面对的人生境遇也更为复杂。这就对未来人才的素质，包括情感素质提出了更高的要求。一个人如果没有良好的情感素养，没有一定的正确把握情感的能力，就不可能愉快、幸福地工作和生活。

根据当今青少年学生的心理特点，青少年学生心智的发挥呼唤美的教学、审美情感的培养。美国人本主义心理学家马斯洛的研究表明，人有七层需要：生理需要、安全需要、相属或爱的需要、尊重需要、认知需要、审美需要、自我需要。

从心理学角度讲，人首先有物质需要，当物质需要得到满足后，人的需要就会朝着感情和精神这一较高层次发展。高校美育教师要在教育过程中，首先要确立人的主体地位，加强人文学科教育，提高学生的人文价值素养；在学生开始自觉阅读文学作品、贪婪地吸收养分、凭借文学作品来构筑他们青春之梦的时候，加强审美教育，用美的力量吸引学生，借以陶冶学生的情操，提高学生的审美情趣，帮助学生顺利地通过这一中转站，迈向积极而富有韵味的人生。同时，在开放性社会文化和重知识、重能力的社会舆论氛围的影响下，学生的求知活动日趋积极、自主；加之现代传播学的发展，使其信息筛选能力和自学能力普遍增强。这些都会促使他们对课堂教学的效率和水平的期望值升高。他们在课堂上听课，已不仅仅满足于被动地接受知识，而是希望获得一种浓郁的感受，即一种智慧得以启迪、眼界得以开阔、精神得到浸润的满足感和愉悦感。当代的青少年学生已具备接受审美情感的物质条件和精神条件，而且正呼唤着它们的到来。由此，教师对学生进行审美情感渗透显得尤为重要。

（三）审美实践教育

1. 引导学生进行艺术思考和实践

生活元素在艺术素养的培养中发挥着关键性作用。在不同的环境和活动中，学生会形成对艺术的认知，也会有应用艺术认识进行实践的机会。

第一，教师需要将生活元素引入课堂，以艺术素养培养为目的，引导学生总结自己在不同环境中的艺术思考成果。

第二，教师需要培养学生观察生活、收集与生活相关的艺术素材的能力。在生活中，学生多处于一种多感受且全景感知的状态。在观察生活中美好事物的过程中，学生可以获取图像信息，也能够获取声音信息以及味觉、触觉、嗅觉信息等。在这种信息环境下，学生的感受会更加深刻。通过观察与艺术素材的积累，学生可以选择自己感兴趣的艺术素材，在艺术创作实践中融入自己的感受，提升综合艺术素养。

教师还可以引导学生参与校园艺术活动。高校的校园活动丰富，这是学生展示自我、进行实践的重要途径。教师可以结合学生的艺术审美倾向、艺术爱好及其他生活兴趣等，引导学生创立不同的活动社团，如根据艺术种类创设主题摄影社团、主题绘画社团等。在这些社团中，学生对同一主题的艺术作品和艺术创作均有浓厚的兴趣，能够主动地参与社团活动进行探讨交流。在校园社团文化节中，高校也可以举办艺术创意比赛活动，引导学生通过参与比赛进行自我展示并与他人进行交流等。

2. 引导学生进行创造实践教育

创美教育即美的创造实践教育，也是体现并检验知美教育、爱美教育和审美教育的环节，缺少创美教育的美育并不是完整的美育。因此，在美育教育课堂中，教师不能忽视创美教育。创美教育包括开发创美想象力、形成一般艺术创造力。

（1）开发创美想象力

创美想象力是审美想象中的创造性想象，开发创造性想象有助于提升学生的一般艺术创造力。调动学生的审美情感离不开学生的知觉想象，就像席勒在《论悲剧艺术》中所说的那样"想象越生动活泼，也就更多引起心灵的活动，激起的感情也就更强烈"。激发创美想象力有助于想象词境，体悟情感，也能进一步激发个体表现美、创造美的需求。

在美育教学中，提高创美想象力是提升学生审美能力的一个极佳的方式。对于想象力较弱的学生，最好要有"支架"引导。"支架"可以是描绘画面的示例，也可以是一种半开放性句式等。

需要注意的是，教师不能因为学生一时的想象力不足，就放弃了对学生创造性想象力的训练。并且，正是因为学生想象力的不足，教师才更应该注重锻炼学生的想象。激发审美想象力不仅是创美教育的需求，而且也是整体智力开发的需要。科学的发现和发明同样需要高度的想象力，无论是智育或是美育，想象力的开发都是一项重要内容。教师对激发学生的审美想象力应予以重视，并使用符合学情的方式激发学生的创造性想象力。

（2）形成一般艺术创造力

一般艺术创造力不要求学生创作出过于具有艺术性的作品，而是需要让学生懂得如何用一种艺术手段去寄托情感、表达自我。艺术创造力包含两个方面的内容，一是艺术的表现欲教育，二是艺术表现力教育。艺术表现欲在于个体"想要用艺术形式来表达"，艺术表现力在于个体如何用艺术形式"更好地表达"。苏轼说："有道而无艺，则物虽形于心，不形于手"。"道"是指心中所想，"艺"则是指一般艺术表现能力。如果有道无艺，则内心想法无处寄托；如果有艺无道，则艺术表达也言之无物，两者相辅相成。

　　先说艺术表现力，学生要知道将要创作的某种艺术形式的规范，以及怎么做才能表达得更美，当然，后者是更高的要求。再就是学生要知道向何种方向努力才能使作品更具有艺术美，即便可能成品不够完美，学生也要知道努力的方向。

　　教师在美育中要让学生形成一般艺术创造力，不仅要让学生学会如何更好地表达美，也要让学生愿表达、想表达，在一次次的成功创造中，获得想法得到实现的成就和满足感，明白表达和创造美的意义。要提升学生的艺术表现欲，教师创美示范就尤其重要。例如，优秀教师总不吝于向学生展示自己的创作，邹修香老师在《相见欢》一课结尾，展示出自己的词作作品：无言凭栏西楼，残阳低垂，大江奔流，尽在这一方清冷的秋。何处合成泪，薄暮人消瘦，故国路遥梦难回，悲上心头。张一弛老师在《行香子》一课结尾，出示原创词《一剪梅春》"窈窕三月尚料峭，风正飘飘，雨正潇潇。莺声啼破春眠晓，蜂也筑巢，蝶也逍遥。满城芬芳处处好，寻得红桃，又寻芭蕉，劝君惜时取今朝，正当年少，休待年老。"引导学生珍惜时光，并鼓励同学们也尝试填写一阕词来描绘其喜欢的季节。

　　教学的过程也是激发学生欣赏美和创作美的心理过程，在教学的全过程中，教师应当有目的、有意识地进行美育。美育教学不应忽视创美教育这一环节，应立足全局，注意在教学中开展美育的全过程教育。教师也要重视自身的示范效应，只有教师"美"起来，才能让学生受其"育"；只有教师率先垂范，乐于创作，学生才会积极创造美，积极提升创造力，在创作中沉淀整个美育过程的收获。

二、高校美育教育内容构建的创新策略

（一）建立以公共艺术教育为主体的美育课程体系

1. 建立学校公共艺术课程体系

　　艺术教育是实施美育教育的重要途径，在《教育部关于切实加强新时代高等学校美育工作的意见》中提到高校美育的重点任务之一是强化普及艺术教育，尤其要把艺术课程作为高校美育课程的主体。

　　教育部办公厅印发的《全国普通高等学校公共艺术课程指导方案》提出全国普通高等学校公共艺术课程体系要将《艺术导论》《音乐鉴赏》《美术鉴赏》《影

视鉴赏》《戏剧鉴赏》《舞蹈鉴赏》《书法鉴赏》《戏曲鉴赏》八门课程作为艺术类限定选修课程。高校应在本校的美育课程体系中开齐这八门艺术类限定选修课程供学生进行选修。在开设齐全教育部办公厅要设置艺术类限定选修课程的基础上，高校应开设符合学校发展特色、地域文化特色的特色艺术类任选选修课程。高校要丰富开设艺术公共课程的种类，在开设艺术基础理论课程的同时要包含艺术作品赏析类、艺术史论类、艺术批评类、艺术技艺类和艺术创作类等课程。高校艺术课程的内容要全面，要包含音乐、美术、书法、舞蹈、戏剧、戏曲、影视等各种艺术形式。艺术课程的内容既要有我国传统经典的艺术形式，也要有国外著名的艺术形式，从视觉、听觉的等多方面刺激学生的五官感受、满足学生多样的艺术审美需求。高校的艺术教育要立足于地域资源，所开设的艺术课程内容要包含当地具有代表性的传统民间艺术，凸显当地特色，宣传当地的民俗。

2. 丰富美育和审美常识类课程

美育的目标之一是让当代大学生认识美、了解美，美与艺术教育是一个整体，美学是高校美育的重要基石，高校美育课程体系中要开设一定数量以教授美学理论知识为主的美育课程。调查显示，高校学生对美育的认识不全、认知不到位，还存在部分学生不了解何为美育，为普及高校学生对美育的认知，高校美育课程需开设《大学美育》《美育原理》等一系列美育基础理论性课程。北方工业大学仇春霖教授在其主编的《大学美育》一书中将审美对象进行了划分。高校美育教育内容包括自然美、社会美、科技美和艺术美，高校美育课程除了开设艺术类课程之外还应开设与自然美、社会美、科技美相对应的美育课程，拓宽了大学生对于美的认识。诸多学者认为，地域文化和非遗文化具有丰富的审美内涵，高校美育课程建设要充分利用地域文化资源，实现地域文化与美育课程的融合。高校美育课程体系不仅要包含中华优秀传统文化，而且要囊括高校所在地区的文化和艺术。为促进高校美育教育的实施和推进，大学生有必要学习文学、历史学、哲学和社会学的知识，高校美育课程体系中应增设相应的文史哲类审美常识课程。增设美育和审美常识课程能够丰富高校美育课程体系，打破目前单一、僵化的美育课程内容，提高美育课程的综合性。

3. 均衡设置美育课程

从横向来看，高校美育课程的设置要打破学科界限，美育课程要面向全校大学生开放选课权限，保证人人都有机会选修美育课程。针对高校各专业之间美育课程开设不平衡的情况，充分考虑各个专业学生的美育需求，根据专业特点在其课程计划中增设美育课程，保证各个专业的美育课程的课时量。从纵向来看，高校要把美育教育纳入学校人才培养全过程，贯穿学校教育各学段。高校要依据学生的认知发展规律、美的规律、教学规律和美育课程的类型开设一系列具有衔接性的美育课程。美育教育做到分阶段、分层次进行，大一和大二学年的美育课程以基础性美育课程为主，在大三和大四学年美育课程要更加深入，以加强提高为主。美育课程的内容要随着大学生美育知识的积累逐步加深，使美育课程随着大学生的学习认知水平实现由浅入深的递进。

美育课程的课时量和学分量在高校培养计划中所占的比重最低，均衡设置美育课程需要增加美育课程的课时量和学分量，通过增加美育课程学时学分来体现高校对美育教育的重视。高校美育课程课时量可以参照高校《大学体育》的课时，每一学期安排 32 个学时的美育课程，每周至少安排 2 个学时进行美育课程学习；同时还需要协调不同类型的美育课程所占的学时比例，尤其需要增加美育实践课程的课时。高校要提高开设美育课程的学分值，美育课程的学分在总学分中所占比例要与总学分中体育课程所占比例持平。高校要考虑本校的美育师资和学生数量，合理安排美育课程的数量和美育课程的课时量，在避免浪费美育课程资源的前提下满足学生的美育需求，实现美育课程资源的最大化利用。

4.完善美育课程的类型

根据目前我国高校所开设的美育课程情况，美育课程的类型主要分为必修课和选修课两种。高校美育既要面向全体又要做到分类指导，高校美育课程体系建设将保持必修课与选修课两种课程类型相结合的形式。诸多学者提出要建立必修课与选修课相结合的课程设置模式，以必修课为第一层次，以选修课为第二层次；以必修课为主，以选修课为辅；以必修课为基础，以选修课为延伸的高校美育课程双层次课程设置网络。根据美育课程的内容可以将美育课程的类型分为基础课程和强化课程两种课程类型。一般将理论和基础性的美育课程划分为基础课程，并将基础课程设置为必修课作为美育课程体系中的主干课程，起到普及大学生美育认识的作用。将鉴赏类和实践类课程划为美育强化课程作为选修课开设，能够加深并巩固大学生对美育的认知，锻炼大学生对美育知识的运用能力，提升大学生鉴赏美、评价美、创造美的能力。"必修课＋选修课"与"基础课程＋强化课程"的美育课程组合有助于保障美育教育的基础扎实，又能扩大美育教育课程覆盖面。

高校在完善线下美育课程类型的同时要建设一批线上美育课程，实现线上美育课程与线下美育课程相结合。线上美育课程的开放性强，能够在保障课程质量的基础上面向大批量的学生进行教学，可以保障每个学生都能够获得修习美育课程的机会，做到美育面向全体同学。高校利用"中国大学MOOC""微信公众号"等线上课程平台能够打破时间和空间的局限性，拓宽修习美育课程的渠道，丰富美育课程的资源，例如，通过中央美术学院公众号学习中央美术学院推出的《大学美育公开课》大型公益系列美育公开课程。高校可以借助线上平台联合其他院校构建美育跨校选课和学分互认体系，共同推出集合各院校特色和优势的线上美育课程，实现优质美育课程共享。高校要充分发挥线上课程的优势，弥补线下美育课程的不足，优化美育课程体系。

在学科专业课程中增设个性发展专业课程模块，根据各个专业的特点开设与专业学习一致的融合性美育课程，在进行专业课程学习的同时提升审美修养。根据专业人才培养需要，将个性发展专业课程模块的美育课程设为任意选修课程和指定选修课程，为学生提供除通识课程之外选修美育课程的途径。

（二）丰富"第二课堂"美育活动

"第二课堂"美育活动应从艺术展演、实践活动和校园文化三个方向开展。艺术展演内容主要为艺术作品展览和文艺演出。高校可以结合时事热点和各大特殊时间节点举办相应的主题展览和演出；举办面向全校师生的摄影展、书法展、画展和手工展，展示师生优秀的摄影、书法和手工作品。例如，可以邀请知名的名师大家来校举办书画展、摄影展等各种展览；艺术类毕业生在毕业季以专业为单位举办毕业作品展；学校根据各重大时间节点举办大型文艺汇演，例如，军训汇报演出、迎新生文艺晚会、欢送毕业生文艺晚会和元旦晚会等；每年定期举办话剧节、心理情景剧大赛、校园歌手大赛、大合唱等文艺展演活动。

高校要积极开展对口帮扶工作，协助该地区乡村文明建设，实行"上山下乡"活动，帮助高校所属地区乡村村委会开展文明乡村建设，绘制宣传墙画；为留守儿童提供美术、音乐等短期艺术类培训课程，培养他们的艺术兴趣；与村民一起组织联欢晚会等公益活动，丰富村民的农闲时间，提高村民的审美趣味；对接社区，开展文明、卫生社区建设等志愿服务活动，帮助社区打扫卫生、修理树木、设计宣传栏、制作墙画、井盖画等美化社区的服务；定期组织学生为学校所在地市民提供公益性广场演出。

高校重视高校校园文化对大学生潜移默化的美育作用，要立足于中华民族优秀传统文化和社会主义核心价值观，定位高校所在地区区位，回应养育地方院校的土壤，打造具有区域特色的校园文化精神内涵；围绕校园文化核心精神多层次开展内涵丰富形式多样的校园文化活动；开齐开足文化艺术类社团，如艺术团、合唱团、文学社、摄影协会、舞蹈社团、乐器社团、书法协会、茶艺社等社团，丰富社团活动的类型，满足学生在艺术方面发展的需要；以校园文化精神为核心开展艺术文化节、校园文化月、寝室文化月等一系列校园文化活动。校园文化的硬性文化建设方面要在校园内摆放名人雕塑和书法碑刻，打造校园艺术文化长廊、美育宣传栏、优秀艺术作品展示橱窗，定期更迭优秀的艺术作品。各教学学院根据学院教学特色，打造走廊文化墙，如文学院的走廊墙悬挂各种书法作品。

第五章　高校美育教育原则与方法创新

在开展高校美育教育的过程中坚持什么样的原则、运用什么样的方法、解决"怎么教"的问题，这些原则与方法直接决定了教育的质量与效果。本章通过对高校美育课程特质进行辨析，旨在把握美育的根本特质，从而在遵循美育原则的基础上，探索恰当的美育方法。本章分为高校美育课程的特质分析、高校美育教育的基本原则、高校美育教育的方法创新三部分，主要包括高校公共选修课概述、高校美育课程的主要特质分析、高校美育教育的各项原则、高校美育教育的主要方法等内容。

第一节　高校美育课程的特质分析

一、高校公共选修课的概述

（一）高校公共选修课的含义

公共选修课也称为通识选修课，或者是全校任选课，是指在高校中除了必修课之外开设的若干人文社科、自然科学和公共艺术类等课程，在促进学生个性发展，拓宽学生知识面，培养学生的人文、科学素质，发展学生创新能力方面具有重要作用。

高校课程体系通常包括专业课与通识教育课程两大类，专业课分为专业必修和专业选修，部分学校还有专业限选；通识教育课分为通识必修和通识选修，通识必修一般是指公共英语、思想政治课和体育课，其他全校学生可任意选择的课程就是所谓的公共选修课。公共选修课程一般要求学生跨专业选修，是对学生专业学习的补充，可以扩展学生的学科领域和思维方式，实现跨学科的通识教育。

（二）高校公共选修课的有效教学标准和价值

1.有效教学标准

从本质上讲，教学包括教师的教和学生的学双边活动，没有学生的学，也就无从谈起教师的教。研究教师的教学行为是为了更好地促进学生的学，因此，教师的教学直指学生的学习，教学的好坏一方面反映在教师的教学行为上，另一方面也反应在学生的学习行为上。我们可以认为，学生的学习是教师教学的指南针，教师的教学主要根据学生的学习状态和结果做调整。对于教学来说，没有一个通用的模式可供教师选择，针对不同的学生应有不同的范式。当然，教学作为师生双边互动的一种活动，不管是教师主导、学生主体还是师生双主体，都承认了在教学活动中教师的教和学生的学是密不可分的。因此，对于公共选修课来说，判断教师的教学是否有效不是以教师做了什么，也不单单是以学生达成有效学习为标准，而是教师的教学行为和学生的学习行为共同促成了有效教学。

有效教学既指向师生教和学的过程，也指向教和学的结果，在注重结果的同时也注重教学过程。对于高校公共选修课来说，首先是教和学的准备，教师能够唤醒学生的学习意识，把握完整教学目标。学生能够形成积极稳定的学习心向，有明确的学习目标，这是有效教学的前提；其次是教和学的过程，教师构建与学生共同参与的开放式课堂，学生的学习兴趣和思维被同时激发，学生能全情投入课堂，互动活跃积极，这是过程有效的标志；最后是教和学的结果，教师的有效教学面向全体学生，并且结果完整，学生在此过程中汲取知识，形成良好的适应能力，最终获得自我发展。

2.有效教学价值

（1）知类通达：生命整全的追求

培养整全的人是古往今来的教育追求，从古希腊雅典教育培养身心和谐发展的人到现代教育提倡的全人教育，都旨在追求学生生命的整全性。在当下教育对学业发展要求日益严格的背景下，学生作为具有鲜活生命的个体，既要有作为"人"的情感能力，也要有作为"社会人"的社会交往和社会关注能力。湖南师范大学教育科学学院教授刘铁芳认为，所谓艺术即让事物充分显现自身的技艺，教育的艺术即让学生生命充分显现的技艺。学生以生命的形式存在，教育自然也应该是生命的追求，人的生命是完整、和谐的，教育也应该是完整的。高等教育培养专业人才，随着专业分化越来越细，人才的专业度愈来愈高，但人才对专业以外的事物却缺少了必要的兴趣与关注，人的知识论存在状态就呈现为"有知的无知者"。人与人之间的沟通变少、变难，在无形中割裂了人与人之间的关系，也割裂了个体作为人的整全性。

而公共选修课弥补了这一缺失，将高等教育从狭窄的专业培养拉回到人的培养道路上，在专业学习的同时也能对社会乃至整个世界有整体的认识。学生在公共选修课上能够以不同的视角看世界，触及世界的多个方面，形成对万事万物的整体把握，从而打破专业学习对人自然生长的限制，强化学生对万事万物的整体把握与洞察能力，从而使人的知识论存在状态表现为"有知的有知者"。学生终究会从象牙塔走入社会，有效教学的公共选修课将引导学生学会对他人和社会的关心，善于聆听观点并表达观点，进而形成完整、健全的人格，获得长远、和谐的发展。

（2）经世致用：工具理性的体现

工具理性是社会学家韦伯提出的概念，相对于强调人情感和精神的价值理性来说，工具理性更强调功利的动机和效用的最大化，是人类"发展之源"，推动了社会的进步和发展。北京大学通识选修课的一个理念就是：大学生最需要掌握的是一些学科的核心概念和研究方法。大学生可运用这些基本原理获得相应学科的知识，也可以用于解决自然和人类社会问题。当谈及公选课在追求全面发展、生命整全时，也切不可忘记教育的社会性功能。虽然近些年教育反对功利性的膨胀，但也不可因噎废食，教师无需回避教育的现实意义，在人类实践活动中，价值理性和工具理性原本就是相互融合且统一的。只有工具理性，教育就变成了技术教育；只有价值理性，教育也成了虚无缥缈、可望而不可即的事物。教育来源于生活，也要回归生活，教学的一个主要目的就是为学生日后的生活做准备，既是有意义的也是有实质基础的。因此，对于有效教学来说，教育的工具性也是有效性的一大价值体现。

公共选修课的工具性价值直接指向了学生学习的现实性价值，学生可以在课堂上收获直接运用或是与实际密切相关的知识，于学生来讲也是间接调动了学习积极性。

（3）教学相长：教师个人素质的完善

高校公共选修课作为一门面向全校学生所开设的课程，对于专业教师来讲既是机遇也是挑战。公共选修课的教师自主性强，发挥空间大，对于课程内容和教学模式都可自行决定和调整，这使得教师可以很好地利用课程进行自我知识和经验的整合和重构，同时改进以往的教学模式和方法。但与此同时，公共选修课管理的宽松并不意味着专业课的简单迁移。想要做到让任何专业的学生都能在课程中有所收获，教师需要站在学生的角度，反思课程的内容安排和教学，不断地与学生一起探讨，才能实现教学相长。教师的教学不是单方面的输入，学生的学习也会反哺于教师的教学。新鲜的血液既是活络课堂的关键，也是教师检验自身教学的机会，在公共选修课中，教师会遇到各个专业的学生，通过不同学生的不同表现，反思自身教学状态，以学促教，对于教师教学实践创新大有裨益。

当然，教学相长不仅限于师生共进，也强调教师的"教"和"学"两种活动的相辅相成。公共选修课教师通过对有效教学的追求，能够促进自身的专业发展。

首先是专业知识的提升。陶行知说："我们做教师的人，必须天天学习，天天进行再教育，才能有教学之乐而无教学之苦。"教师一方面需要有教法，另一方面要有专业知识做支撑。有效的公共选修课教学需要教师紧随时代发展的脚步，将该领域的前沿知识和发展情况介绍给学生，这无疑是督促教师更新自己的知识库，不断地吐故纳新。同时，教师为了应对学生可能提出的疑惑，对于内容的准备会更加充分和准确，以上种种对于教师的专业知识都提出了更高的要求，要求教师持续性学习、研究性学习，乐学并善学，努力获得专业性的更高发展。

其次是教学技能的拓展。教师这个职业的内在尊严和快乐，是教师通过创造性的劳动而体验到的，既能使学生得到发展，也能丰富教师的自我价值、焕发生命活力。教学是一项具有创造性的活动，要达成有效教学，教师需要在教学实践中反思自己的教学水平、教学状态以及学生的发展状态等，从而总结自身经验，并运用经验不断完善教学，强化正确的教学意识，提升教学水平，最终促进教学专业化的发展。

（三）高校公共选修课与高校美育的关系

高校的美育以公共选修课教学为主要途径，其中又以公共艺术类课程教学为核心，引导学生通过各种审美活动感受审美对象的价值，直接作用于学生的情感世界，从而潜移默化地影响学生的心理而促进学生全面发展。

可以说，公共选修课是高校素质教育中的关键一环，是涵养学生综合素质、促进学生个性发展、优化学生知识结构的重要课程。由于公共选修课具有普适性、灵活性等特点，因此，相较于专业课程而言，在公共选修课中落实美育教育理念，更具影响力和启发性。因此，如何发挥公共选修课的美育功能，是所有公选课教师亟待思考和研究的新命题。

二、高校美育课程的主要特质分析

一般来讲，不能简单地把美育定位于艺术教育、情感教育、知识教育。美育不是单一的、平面的，而是一个全面多样、立体综合的有机体。例如，美育是具有超越性的、无功利的，但它又是以人格养成为指向的。它不是明显地偏重于某一方面，而是一个矛盾的统一体。因此，要从以下两对关系中来把握美育的特质：

（一）坚持指向性与非功利性的辩证统一

美育的指向性十分明确，就是要"寓美于心灵"，即美育要指向完美人格的塑造。正如席勒所言："有身体健康的教育，有智力认识的教育，有伦理道德的教育，有审美趣味和美的教育。这最后一种教育的目的在于，培养我们的感性能力和精神能力的整体达到尽可能的和谐。""美在紧张的人身上恢复和谐，在松弛的人身上恢复能力，并以这样的方式，按照美的本性，把受到限制的状态再引回到绝对的状态，并使人成为完美的整体"，这正是美育的目的和指向性所在。美育指向人格养成，这是美育的本质功能、主体价值，是评价、设计、实施美育的根本出发点和落脚点。但美育的人格养成指向是一种终极指向，不能急迫于眼前之功效而带有极强的非功利性。

美育的非功利性是美育的本质规定性所在。正如蔡元培先生所言："纯粹之美育，所以陶养吾人之感情，使有高尚纯洁之习损，而使人我之见、利己损人之思念，以渐消沮者也。盖以美为普遍性，绝无人我差别之见能参入其中。……美以普遍性之故，不复有人我之关系，遂亦不能有利害之关系。"也就是说美育的非功利性是美育与智育、德育的根本区别。

智育的目标预期是帮助人们认识世界、向世界索取并改造世界。德育的目标预期是约束个体以满足集团、社会之总体需求。前者是物质性的，后者是精神性的。它们的共性都有强烈的功利性。智育的功利是人对眼前利益的索取，德育的功利是社会利益的达成。与智育、德育相比，美育既不要求向外部世界索取利益，也不要求向内心世界强加规范，而只是培养人的一种无功利性的鉴赏力，引导人们在全神贯注的"静观"中，进入一种"物我同一、天人合一"的澄明境界，在对形式的审视中获得一种无言的欣喜和愉悦，以达成精神的自由及理性和感性的和谐发展。

坚持美育指向性与非功利性的辩证统一，要把握两个方面：

第一，要从促进学生"人格养成"的角度来设计和实施美育，把"促进学生人格养成"作为唯一核心的美育目的，一切美育活动都应该有利于学生人格的完善。这方面恰是当前高校美育实践比较忽视的。从国家目前的相关美育政策来看，对美育有逐步重视的倾向，但对人格养成作用突出得还不够。

第二，要把艺术欣赏、艺术技能提高等艺术教育形式作为一种重要的美育手段，但绝不能把欣赏或训练作为最终目的。美育要让大学生们认识到，我们所赖以生存的这个世界并非仅是一个功利世界，而是在某种意义上超功利的世界，更是一个充满诗意的世界。人活着不是为了简单地实现某一个目标，而是为了"人"达到"作为人而成为人"，要从个人与集体（包括阶级、民族、人类）的统一中充分实现自我价值，并从生活本身领略生活的意义和乐趣。大学生要学会"诗意"地生活，成为"学会审美的生存的一代新人"。

（二）坚持独立性与渗透性的辩证统一

美育作为教育体系的一个重要组成部分，必然要具有一定的独立性。要有系统的、与时俱进的、比较成熟的理论体系，要有相对独立的课程体系，要建设好文学艺术课堂教学等主要美育渠道，这些是美育得以健康发展的根基。正如席勒所说："一切其他的训练都会给心灵带来一种特殊的本领，但也因此给心灵设立了一种特殊的界限；唯有审美的训练把心灵引向无限制境界。"美育是一种无功利的审美力的培育和启发。审美力培育固然需要美育学科的理论和教学支持，但指向人格养成的美育，还要依赖于实践，依赖于渗透在各科知识（甚至包括数学、逻辑等）传授中的审美视点的发掘和培植。也就是说，美育需要所有学科老师的共同努力，而不是单一课程、单一学科的一枝独秀。我们一定要把美育贯彻、落实到大学教育教学的全过程。

美育的功能是其他的教育不能取代的。美育可以丰富人的多方面的知识，开发人的智慧，陶冶人的情操。美育可以塑造人的优美的心灵和高尚的人格，形成正确的人生观、价值观、世界观。美育可以全面提高人的素质和修养。美育不但对于教育人、培养人是不能缺少的，对于整个社会、整个人类，包括自然、艺术等方面都是不能缺少的。所以，我们一定要把美育认真地贯彻落实到教育的全过程中。

一方面，要坚持美育的独立性，遵循美育的规律性，体现美育的独特特点；另一方面，要牢固树立"大美育"的观念，让美育渗透到学校教育的全过程中，在学校教学、科研、管理、后勤服务的各个环节都体现美育的理念，实现美育的过程，收获美育的成果。高校要加大教学改革的力度，对于目前的学校教学规划、教学要求、课程体系和教学评估制度等都应当做出较大调整，合理设计适应素质教育的总体目标及能够将美育有机包容于其中的新的教学思路。融入教育全过程后，美育与其他教育是什么关系呢？就是现象学所说的在场与不在场事物的关系。其他教育，如智育的课堂教学要以美育所提供的广阔视野为背景，有意识地加深学生对所学知识所蕴含的美（如科学精神、人文精神）的领悟和理解。这可以在一定程度上避免片面智育所造成的科学精神与人文精神的分裂，促进学生个人素质的全面发展。

第二节　高校美育教育的基本原则

大学生作为具有较强知识背景的群体，应当说是具备一定的审美情感和审美感受力的，他们的审美心理逐渐成熟，对待事物也有一定的辨别能力。但基于大学生的特点和所学知识，在实施美育的过程中，教师要把握一定的原则，因势利导，将美育工作更好地进行下去。

一、方向性原则

美是非功利的，意识是对物质的反映，因此，个人的审美意识会受到环境影响。美育是美与教育的融合，教育的发展受到政治、经济、文化的影响，且与个体所处社会的基本特征相适应。因此，高校美育教育具有很强的意识形态属性，我国是社会主义国家，我国高校的美育教育必然具有社会主义特征，是社会主义性质的美育。

高校美育教育的指导思想要坚持中国特色社会主义的方向，如此方能沿着正确道路不断前行，充分发挥自身功能，弘扬发展中华优秀传统文化和中国特色社会主义文化。

二、创新性原则

高校美育教育要以中华民族优秀传统文化为基石，继承中华传统美学精神，传承地方优秀的地域风俗文化和民间艺术。美育要将传统与新时代中国特色社会主义思想相结合，批判继承传统文化，令传统文化更好地适应新时代发展的需要。美育教育要与社会时事热点相结合，在传承的基础上不断丰富美育的内涵；定期更新美育教育的资源，保证美育教育资源的时效性；借助现代化教育技术创新美育教育的方式，使用现代化信息技术，搭建自媒体平台，更新、丰富美育教育的实施途径；全面深化高校美育教育改革，从高校美育的制度、课程、实践、评价、保障五个方面推动高校美育改革，打造高校美育教育的新体系。

三、艺术性原则

主体对美的认识和感知具有强烈的主观色彩，因此，美育也带有一定的主观色彩。感性教育是美育教育的重要内容，美育教育的实施也需要借助感性的方式。美育对人的作用也强调通过刺激人的感官内化到情感再到理性，高校美育教育要通过艺术化的形式呈现，以便刺激学习者的感官和情感。

艺术教育是美育教育的重要途径和载体，绝大部分美育活动都是借助文艺活动来实现的。美育教育的内容以文化艺术的相关内容为主，美育的独特性要求美育教育的过程和方法具有艺术性。

四、实践性原则

美育活动是指学生参与审美创造和审美欣赏以及有关的知识学习和技巧训练的过程，通过积极的活动来满足个体的审美需要。美育教育的实践性原则体现了学生在美育教育过程中的主体性，强调学生参与美育的重要性。只有学生积极参与到美育的过程中，才能实现对美的感知，实现美的内化。美育的教学效果也要通过实践来展示，美育教育的效果在主体的实践过程中得到了直观体现。实践性原则既体现了美育的特征，又将理论与实践结合起来，实现了身体和精神之间的磨合，协调身心的共同发展。

五、科学性原则

马克思在人的教育理论中提出人也按照美的规律来塑造，人的发展是有规律的，高校美育教育既要符合美的规律又要与人的发展相统一。高校美育教育要选取符合大学生心理发展特征、思想行为特点和审美发展水平的教育方式和内容。

大学生群体的个体差异性较强，美育教育课程和活动的实施要充分考虑学生的个性化，给予学生个性化发展以充分的空间，在促进学生个性化发展的同时促进学生的社会化发展。大学生活的时间跨度较大，又是学生主体意识逐渐成熟的时期，在不同学年阶段审美素养和审美能力都不相同。学校美育教育针对学生在不同阶段的审美水平制订不同的培养计划。高校美育教育不能仅依靠美育课程来实现，要将美育渗透到学生学习和生活的各个方面，同时要将美育教育贯穿大学的各个时间段，使学生在校园的学习和生活中无时无刻都能受到美育的熏陶。

六、多样性原则

高校美育的开展最终要达到的效果是使人成为具有创造力、丰富的审美情趣以及和谐人格魅力的集中表现者。而在此过程中，由于人与人之间存在着性格、爱好、习惯等差别，因此，在实施美育的过程中就要考虑多样化，将多样化原则融于其中。而且，多样的美育还要不断地更改审美媒介，从多方面、多渠道、多层次上给大学生加以影响，激发他们的审美情趣和创造力。另外，在美育的实施方法上也要遵循多样性原则。不同的课程可以通过变化的教学方式进行美育的渗透，让每个人在不同的课堂中都有着各种各样的审美体验。在高校实施美育就是让大学生的审美情趣、心理结构、创造能力得到全方位的发展，进入一个自由的地带，使大学生成为一个具有健康人格的人。

七、主动性原则

教师作为高校教育工作的主力军担当着传授各种知识的重任，既要"传道"，还要"解惑"。高校美育的开展要依靠教师和学生双方的积极性和主动性，发挥教师在教育过程中的主导作用，就是要把握审美对象，分析其产生的因素，当好大学生美育的倡导者。大学生是朝气蓬勃的一代，他们的创造力丰富、情感变化快、对美好事物充满了好奇心，同时他们的心智也在不断地走向成熟，有足够的辨别力去欣赏和创造。基于大学生的这些特点，教师要想办法让学生充分运用情感和想象力去主动参与学习和创造，鼓励他们运用多样的、多层次的方法研究并运用美育，使美育真正做到无处不在。

八、时代性原则

美育的发展受到社会生产力、生产实践的制约，因此美育在不同的历史阶段具有不同的规律性。随着我国经济的发展和生产力水平的不断提高，我们的文化领域也发生着重大的改变。历史留下的一些经验在现实是宝贵的财富，应该让它继续发扬光大。蔡元培提出的"以美育代宗教说"，我们可以将它作为高校美育的一个发光点，时刻教育、启迪大学生们，让他们树立美育的信念，更好地了解美育，把美育作为个人发展的一个重要方面，将他们的特长和美育的相关内容结合起来，发挥个人的最大潜力，为在将来成为一个完美和谐的人做准备。同时，在注重历史与现实结合的同时，还要注意时代的要求。这就需要美育工作者和大学生紧跟时代的步伐，与时俱进，时刻关注社会、家庭、个人的变化，分析时代需求和未来发展动向，将历史的精华大力发扬，摒弃已经不适应当前需要的过时经验，将美育的发展和改革进行到底。

第三节　高校美育教育的方法创新

一、知识传授法

美育的知识传授法是指将美育的基本知识或常识直接通过课堂教学等方式向受教育者输送传递的方法，是高校美育中最基本、最常用的教育方法。

知识传授法的方式多种多样，主要有知识讲授法、学习宣传法等。知识讲授法是指教育者通过口头语言向受教育者传授美学理论的教育方法，这是一种使用最多、应用最广泛的理论教育法。运用知识讲授法必须注意几点：注意讲授内容要正确，讲解的知识、概念应具有科学性；讲解既要全面、系统，同时又要找到理论与实践的结合点；讲解要采用启发式，循序渐进地进行引导，防止注入式、填鸭式。学习宣传法是运用各种传媒方式和舆论方式向学生传授美学理论知识的方法。这种方法主要通过邀请专家给学生进行一些美学知识讲座、读书辅导讲座来宣传美的思想，引导学生思考。理论宣传法系统性强、覆盖面大、影响范围广泛，不仅仅影响受教育者，还能营造良好的舆论环境，促进和引导学生自觉学习。

知识传授法具有以下几个基本特征：一是直接性，即在审美教育的过程中，教育者与受教育者都明确意识到在开展或接受教育。这一特征要求传授法必须在受教育者发自内心接受教育的前提下才能有效实现；二是系统性。知识传授一般是一个相对长期的教育过程，面向比较稳定的受教育者群体，开展教育的时间地点也比较固定。这就为教育者进行充分的教育准备，完整、系统、有目的、有计划、分步骤、分阶段地开展审美教育提供了现实可能；三是易普及性。知识传授简单易行，一般意义上，只要有一两名专业的美育理论教育者和足够大的教育场所，就可以面向上百名甚至数百名受教育者同时开展教学活动。

当在课堂上普及美育时，教师不仅要传授美学基本理论知识，还要引导学生认识美的起源、本质、规律，认清审美对象的价值，掌握欣赏美和创造美的原则和基本方法。在日常学习、工作、生活中，学生要亲身体验客观世界和人的美，对真善美和假恶丑进行比较鉴别，予以正确评价。例如，在讲授"社会美"这一问题时，教师可引导学生找出差距，确定目标，不断完善自我，重新找到自己的合适定位。学生对美的认识和体会总是更为感性一些，而理性的东西少一些。学生通过对于美的知识和理论的学习，能够从理性上认识美的本质、规律、范畴、形态，了解各种艺术的基本常识，从而提高学生欣赏美的能力，促进学生人格的和谐发展。

二、实践体验法

《论语·述而》："三人行，必有我师焉。""行"字本意为走、步行，引申意为实践，与理论相对。美育中的实践体验法是指通过组织学生参与各种审美实践活动，在实践中体验真实的美，从而提高审美能力、促进人格发展的方法。这是一个通过改造客观世界来改造主观世界的过程。一般说来，实践体验法主要包括参加校园活动、劳动实践、参观访问等。

实践体验强调的是受教育者通过亲身体验，在实践过程中社会化并形成对美的理论原则更深刻和准确的认识，提高学生审美、创造美的水平与能力，使个体身心得到和谐发展。体验基于个体的亲身实践，必由个体的感官、个体的认识领悟、个体的情感和生命体验达成"意义世界"和"价值世界"，最终形成对美的态度。有学者认为，在体验世界中，一切客体都是生命化的，都充满着生命的意蕴和情调。体验可以超越经验，达到理性；超越物质，达到精神；超越暂时，达到恒久。

马克思主义认识论和实践观认为，"社会实践是人的正确思想形成和发展的源泉，是人的思想发展的动力，是人的思想认识的目的，也是检验人的思想观念是否正确的唯一标准。"这是美育实践体验法的主要理论依据。

高校美育中的实践体验是指学生亲历，引起相应的心理变化的活动。亲历是实践体验的本质特征，既包括实际的亲身经历，也包括心理上虚拟的经历，即亲"心"经历。实践体验是一种综合性的反应，是知情意行的统一活动。通过实践，人的一切外在现实主体化和内在化，成为人内心活动的有机成分。

实践体验法在高校美育中起着不可替代的作用。大学生通过感受现实审美生活，一方面，可以在感性认识的基础上验证已经学习和掌握的美育知识和理论，有利于强化审美理论教育的成果；另一方面，可以在实践体验中获得新的感受，使学生的审美需要得到满足和提高，促进学生身心的协调发展。

在美育过程中，教师在实施实践体验法时要遵循以下原则：一是要建立实践体验的长效机制。实践、认识，再实践、再认识，这是一个无限循环往复的过程。大学生的审美观具有一定的波动性，期望仅依靠一次的实践活动就达到提高审美能力的效果是不现实的；而应当建立审美实践的长效机制，根据新时期大学生美育的新形势、新问题，灵活运用和积极创造各种适当的实践形式，逐步提高大学生的审美观和审美创造能力，促进学生人格的全面发展。二是要对实践体验的过程加以指导。未能进行科学组织的实践体验往往容易停于表面，流于形式。要想取得深入的教育效果，就必须对实践过程加强指导。教师要从大学审美价值观现状的客观需要出发，制订体验计划；要在体验过程中，指导学生有目的地观察记录；要给学生提供相关的理论支持和比较参考对象，指导学生深入理解，使学生产生思想和情感的共鸣，从而获得美的享受并受到深刻教育。

三、自我教育法

我们身处知识技术迅猛发展的信息时代，只接受一次性教育而受用终身的传统观念已经大为过时。要跟上社会发展的步伐，就要求我们通过学习新的知识和技术、掌握新的理念和信息来不断地完善自己。但是，客观条件的限制决定了人们不可能总处于学校环境中，怎样才能保持学习、保持进步？可以说，自我教育成为解决这一难题的关键。

在实际文献的检索中可以发现，对自我教育的定义及其范围甚广，通过各家论述和概括最后上升为哲学观点。正如马克思主义认识论中实践决定了认识，而认识对实践具有反作用力，人的自我教育都是遵循"实践—认识—实践"来提升和进步的。在教育学中，自我教育是指主体在已有的生理、心理素质基础上，自觉地设置发展目标，并通过对自我的对象化主动地控制自己的行为，从而实现预定目标的过程。而美育中的自我教育法则是指受教育者按照审美目标和要求，通过自我学习、自我修养等方式发自内心地接受美、欣赏美、创造美的方法。

高校美育中的自我教育法具有自觉性和主动性，是受教育者为了提高自己的审美能力而进行的审美过程。它的主要依据是辩证法中关于外因通过内因起作用的原理。只有包含自我教育的美育才是真正的教育，这是因为教育者的教育活动只是一种外因，永远不能取代教育者的认识、内化活动和实践外化活动。在美育过程中实施自我教育法时要注意如下问题：

（一）强调自我教育与强调接受教育是高度一致的

对美育中自我教育的强调主要是基于美育的个体性和美育目标实现的自我建构性，但绝非意味着可以降低对美育实施者的要求，相反，恰恰提高了对教师的责任和要求。实施自我美育要求美育实施者必须具备更高的教育责任感和教育艺术。

（二）强调个体在美育中的自我教育能力

是否有能力进行自我教育决定着一次自我教育最终能否取得成功，所以，受教育者自我教育的能力决定了自我教育的效果。提升自我教育能力，应做到以下几点：

1.培养自我反思能力

（1）要学会"内心对话"

个体可以将内心对话的过程作为自我反思、自我教育的过程。

第一，受教育者"过去"的自我是"客我"，"客我"已成事实，我们无法改变。但是，"客我"正是"主我"反思的对象。"客我"在与"主我"的对话中，为受教育者将来的行动提供方向。

第二，受教育者"当下"的自我是"主我"，它会以某种符号的方式呈现。当下的"我"连接着过去与将来，所以过去受教育者接受教育的实际情况塑造了现在的"我"，而现在的"我"一方面会与过去的"我"进行对话，汲取经验；另一方面，也会根据当下状态与未来的"我"对话，告诉未来的"我"想成为什么样的人，当下的"我"可以说是实施自我反思的主体。

第三，受教育者"将来的我"则是"你"，它是面向未来的"解释项"，赋予了"受教育"符号意义。将来的"我"是立足于当下的"我"和过去的"我"的抉择。在高校美育的自我教育中，增长自己的审美知识和技能，塑造一个真善美的"你"就是自我教育的目标。所以进行自我反思的过程关键是要对受教育者的"客我"有正确的认识，使受教育者的"客我"与"主我"得到充分的交流，从"主我"与"客我"的交流中给受教育者的未来发展提供方向。

（2）在与他人交流中认识自我，将自己融入社会

人不是生来就具有"内心对话"的能力的，这种对话的能力首先是在与他人的对话中发展起来的。个体只有先学会与他人对话，才能够进行自我的"内心对话"。之所以要学会与他人交流，是因为受教育者在自我教育中，对自己的认识不够全面，不能对自己做出正确的评价。人只有将自己放入集体中，从他人的口中知道自己是什么样的人，通过与他人进行对比才能发现自己的与众不同。这个过程也是通过他人帮助自己了解"客我"的过程。

2.增强自我调控能力

（1）要学会调整自我教育的目标

自我教育目标是个体在实施学习计划以前给自己设定的，任何人都不能保证

所有的目标都能完成。有些目标因为与受教育者的实际情况相差太大、有些目标因为实现需要的外部条件不能得到满足，导致自我教育的目标不能实现。在这样的情况下，受教育者要学会调整自我教育目标，分解矛盾，从完成每一个小目标开始，并在调节过程中积累知识、提升能力，保证最终目标的实现。调整自我教育的目标不是放弃目标，而是将矛盾分解，再一个一个击破。

（2）要增强意志力

一些自我教育目标无法完成，并不是因为自我教育目标设定得不合理，而是因为受教育者在自我教育的过程中受外部因素的干扰阻碍了自我教育目标的实现。在这样的情况下，受教育者不能轻言放弃，在面对各种诱惑时，要坚守本心，抵御诱惑；在面对各种艰难的条件时，要迎难而上，克服困难，保证自我教育目标的实现。

（3）要学会正确的情绪调节

在自我教育过程中，在遇到挫折而导致情绪不佳时，受教育者要正确排解自己的情绪，可以通过自我反思来总结经验教训，也可以求助他人，从旁观者的角度来观察自身存在的不足。面对不断出现的挑战与压力，受教育者要学会锻炼自己的抗压能力，可以通过运动或者游戏来排泄自己的负面情绪，也可以通过听音乐和向朋友亲人倾诉来舒缓压力。总之，增强自我调控能力，可以保证受教育者的身心健康发展和自我教育目标的实现。

（三）强调对自我教育新媒体载体的有效利用

身处于智媒体时代，面对各种新媒体技术给自我教育带来的挑战与机遇，高校美育要善于利用机遇，克服挑战，挖掘各种新媒体技术的美育载体功能，通过利用新媒体技术提升自我教育的质量。

1. 要提升新媒体技术开发者的素质

因为算法推荐技术具有迎合偏好与追求"流量"资本的特点，导致受教育者在利用新媒体技术开展自我教育时，所接受的内容固定在一个领域中，甚至这一类的内容具有严重的娱乐性质，不利于受教育者良好审美素质的养成。新的媒体技术在满足人们生活娱乐的同时，还应该承担着弘扬国家核心价值观，传播大众喜闻乐见的文化的任务。因此，新媒体技术的开发者在给广大的技术受众推荐信息时，要以人为本，满足大众的身心成长需要，让新媒体技术成为优秀文化和审美知识传播的助推器。

2. 高校美育要牢牢掌握在新媒体领域的话语权

进入智媒体时代，美育想要获得发展就不可避免地要与新媒体技术打交道，与其被动地应对新技术给美育发展带来的挑战，不如积极接受并利用新技术来开展美育。例如，在面对算法推荐技术时，教育者应该积极地增加主流内容的供给，增加这些内容在信息池中的比例。教育者尤其是要了解受教育者热衷使用的新媒体软件，融入受教育者的世界，了解受教育者喜欢看什么内容，并分析这些内容是否有利于受教育者的健康成长，如果这些内容有积极的正向作用，那么教育者也应该学习，这样能够增加教育者与受教育者的共同语言；如果负面信息太多，那么教育者应及时干预，避免受教育者的思想行为受到影响，在自我教育的道路上越走越偏。

3. 受教育者自己要提升主体素养

在通过新媒体载体接受信息时，受教育者要明确自己需要什么样的信息，而不是被算法推荐技术束缚在"信息茧房"里。这就需要受教育者接受多方面的知识，不能只接受自己感兴趣的内容信息，还要广泛涉猎其他领域的知识，只要是有利于个体健康成长的一切内容都可以成为人们学习的对象。此外，受教育者还要经常与其他人沟通交流，在沟通中了解他人所接受的信息资源，避免自己陷入"信息孤岛"中。再者，受教育者要提升信息辨别能力。众多的网络信息只有浅显表面的东西展示了出来，所以受教育者不能人云亦云，而是要在纷繁复杂的网络信息面前保持清醒的头脑，科学地选择自我教育的信息与内容。

四、环境熏陶法

"染"字，源于《墨子·所染》中"见染丝者而叹曰：'染于苍则苍，染于黄则黄。所入者变，其色亦变。'"形声，从水，杂声。一说从木、从水、从九，会意。古染料多来源于植物，故从木；染料须加工成液体，故从水；染须反复进行，故从九。本义为使布帛等物着色。美育中的环境熏陶法是指通过活生生美的事物、无形的各种文化以及主流意识形态，使受教育者在无意识、不自觉的情况下，受到影响、熏陶、感染而接受美育的方法。

大学生思想活跃、情感丰富，又有一定的文化科学知识基础，多数大学生具有诗人的品格和浪漫主义的气质，情感易被激发。将审美价值观教育化解到大学生熟悉的生活中，运用环境熏陶感染的方法对他们开展教育，往往会起到事半功倍的效果。社会、家庭和学校构成了学生生活的整个环境。对于大学生来说，校园是他们学习和生活的主要场所，具有校园特色的人文氛围、校园精神和生活环境是美育的重要途径。同时，也对大学生人格养成具有重要的作用。因此，高校美育的环境熏陶法的主要载体就是校园文化。

大学生的健康成长离不开健康的校园环境，大学生的素质教育离不开良好的校园文化氛围。建设良好的校园环境，让学生一接触便感到赏心悦目、舒适得体，还会引导人的审美情趣、审美格调的提升，是一种强大的教育力量。具有一定文化、观念的和谐的建筑构造，绿树婆娑、花木扶疏的校园绿化，干净、整洁的教学生活环境让学生在校园的每一处都能感受到文化、文明和美。

校园文化活动的开展为学生发现美提供了很好的途径，增强了学生的心理体验。发现美是审美的前提。学校里的各种社团组织以及组织开展的各种活动，如读书会、演讲会、朗诵会、文学社、科学兴趣小组等，能够使学生从读书、影评、音乐会等活动中去发现、体验艺术美。艺术美以其巨大的美的形象感染力，震撼学生的心灵，滋养和熏陶学生的情操，逐步增强学生对真善美的心理体验。

在学校中，科学的教育管理制度、民主的教育方式、良好的校风学风、平等和谐的人际关系、丰富多彩的文体活动，凡此种种良好的校园文化氛围，犹如纯净的空气、适时的春雨，对学生的健康成长产生积极作用，使他们在行为、语言乃至心灵方面受到熏陶，构筑起高尚、完善的人格，使个性品质得到全面发展。

运用环境熏陶法，需要把握以下几个原则：一是形式要喜闻乐见，要具有一定的吸引力和感染力，从而获得学生情感上的共鸣，达到熏陶教育的目的；二是注重发挥学生的主体性作用，引导和鼓励学生多参与各类文化活动，多创造高水平的文艺作品，让学生在参与和创造中受到感染。

五、情感共鸣法

《论语》开篇即道："学而时习之，不亦乐乎？"不难看出，孔子对情感教育重要性的深刻认识。美育的情感共鸣法是指在美育过程中，教师将自己丰富的情感融进美育之中，拨动学生的心弦，使师生在情感上产生共鸣，在认识上达成共识，进而提高教育教学效果的方法。它是融传授知识、提高觉悟、培养能力、完善人格为一体的全方位的方法。美育注重对教育对象的情感调动和情感激发，一个人人格的发展，总是一个客观对象逐渐内化为个体情感的过程。由此可见，它不能单靠说教来达到，更主要的是在情感的熏陶下，在自身的情感体验中得以实现。

在实施高校美育的情感共鸣法的时候，教师必须坚持和把握好情理交融的原则。这实质上是要求学生在审美过程中表达出的感情必须是经过普遍认可的、能够激发人积极进取、培养人美好情操的情感，而不应该是"庸俗之情"。在进行情感共鸣法的过程中，教师要贯彻健康有益、格调高尚的基本要求，启发学生理性思考，引导学生注重精神和情操的陶冶，牢固树立正确的世界观、人生观和价值观。

大学生审美活动的情感性决定了在实施以美成人的美育时，要注意情感因素的设置。其表现形式体现在教学氛围、教学过程、教学语言、教学手段四个方面。

（一）在教学氛围培养方面

教师通过创设愉悦的育人情境，提高美育的效果使学生在愉快温馨的教学气氛中，潜移默化地提高审美能力，净化心灵。

（二）在教学过程创设方面

在教学过程中，要能充分体现学生的主动性、独立性、体验性。教师要在教学中，有意识地设计让学生主动靠近美、接受美的环节。

（三）在教学语言的烘托方面

在授课过程之中，教师要用生动形象的语言打动学生，收到"音美以感耳"的效果，这就要求教师的语言富有情感，使学生在充满感情的语言世界中接受知识、培养能力、陶冶情操。17世纪捷克教育家夸美纽斯曾形象地指出："一个能够动听地、明晰地教学的教师，他的声音便会像油一样浸入学生的心里，把知识一道带进去。"

（四）在教学手段的运用方面

为了提高学生学习兴趣，教学手段可多样化，如各种竞赛、多人表演、辩论、实地参观等多种活动，都能产生很好的效果。此类活动有利于激发和培养学生浓厚的兴趣，提高学生的审美主动性，培养学生积极、主动的人生态度。

优美的环境、自由的讨论，启发性与愉悦性相结合的教学艺术，使整个教学过程既热烈、紧张，又轻松、自由，激发了学生的兴趣和热情，引导学生积极思考与探究，使学生自己去领悟美育的意蕴。这种将丰富的情感融于具体的教学过程之中，达到情感共鸣效果的教学方法，正是高校美育的显著特征。

第六章　高校美育教育载体与机制创新

　　高校美育教育的开展需要借助一定的载体，美育的运行机制是指高校美育教育运行的各构成要素相互联系、相互作用的手段、方式及其原理，也是保证高校内部美育教育目标有效运作的基本程序和手段。高校要创新美育教育载体和运行机制，组织新颖多样的美育实践活动，激发大学生的审美创造力，促进人的全面发展。本章分为高校美育教育的载体分析、高校美育教育运行机制创新两个部分。主要包括高校美育教育的载体——艺术教育和思想政治教育，高校美育教育领导机制、动力机制、保障机制、评估机制和队伍机制的创新等内容。

第一节　高校美育教育的载体分析

一、高校美育教育的载体——艺术教育

　　艺术教育是高校美育教育实践的主要途径，也是高校美育教育的载体之一。高校艺术教育的实践也需要结合美育教育的理念，以培养学生的审美能力为主要目标。从中可以看出，这两者之间既有包含关系，又有互补关系。艺术的根本属性是"表现自由"，艺术之美可以消散外物的形式之美，让原本被束缚的想象力自由的驰骋，因此，艺术之美是以自由为本质的美育实践的途径。高校美育的研究主要集中于理论方面，而艺术教育的文献集中于实践研究，二者存在明显的互补关系。高校艺术教育课程的建构存在单一性和局限性，然而，高校美育培养学生审美能力和创新思维的目标正好可以弥补这一缺点。高校要明确和深化艺术教育的定位就要融合美育教育的审美理念，扩充原本以提高学生艺术实践技能和艺术史论为主的艺术教育目标，增进艺术社团和文艺活动中的审美趣味。

　　艺术教育课程的核心内容是艺术，重点在于提高学生的素质，也就是所谓的

素质教育，让学生达到全面发展的目标。就艺术课程的教学内容而言，主要是通过艺术的形式让学生感受到艺术之美，以此培养学生的审美能力，教学内容仅仅局限于对艺术作品的欣赏和感受；就美育教育而言，它具有跨学科的性质，教学内容不仅包括艺术之美，还包括数学之美、自然之美、社会之美等。因此，将美育与艺术课程相融合，既能让艺术课程的风格更加多变、媒介更加丰富、题材更加多元，又能突出艺术跨学科的特性。这种跨学科的艺术课程能够打破原有的学科知识壁垒与线性的教学模式，给学生编织一个网状的学习框架，使学生通过艺术课程的学习加深对专业学科知识点的理解，让学生体会到专业学科之美，以此激发学生的学习动力，有助于学生更快、更好地理解学科知识体系，发展想象、迁移、抽象和创新的能力，有助于发展学生多维度的能力，有助于培养符合时代要求的创新型人才。

在高校教育中，艺术教育的教学目标与美育教育的教学目标基本上是一致的，尽管高校美育教育不仅仅只包括艺术教育，但是艺术教育是高校美育实施的主要渠道。学生通过艺术课程、艺术社团和校园文艺活动，增加艺术理论知识的储备量、学习艺术作品的鉴赏能力和艺术实践技能，体验校园艺术氛围，在潜移默化中感受艺术的魅力，以此提高对美的感受力、鉴赏力和创造力，净化心灵，感悟美的价值，最终达到"审美人生"的目标。

（一）推进艺术教育的理念更新

当前，我国高等教育已进入普及化时代，越来越多的青年人接受了高等教育，高校的育人目标也随之发生了变化，从各司其职的高度专业分化转向多元综合性的协同发展。因此，高校教育不再像从前一样以理性知识为核心，而是落实立德树人的根本任务，发展素质教育。简而言之，高校教育不仅要实现学生专业知识素养的最大拓展，更要注重学生个体综合能力的最大延伸和学生群体的价值观塑造。

高校艺术教育的提出就是为了培养学生正确的、综合性学习观念，让学生发挥主观能动性，主动学习美的理论，寻求学科专业之美、生活之美，从审美的视角看待学习和生活，成为一个能够发现美、懂美、创美的"完全之人物"。即使大部分高校已经注意到美育及艺术教育对培养高素质全面发展的人才的重要性，但是在实际的教学过程中却没有将美育的理念融入课堂教学之中，最根本的原因是这些高校未能完全意识到艺术教育的重要价值。因此，要推进高校艺术教育的实施，首要任务就是要深入推进艺术教育的理念，形成与时俱进的审美体系。艺术教育也被称为"看不见"的竞争力，这就说明艺术教育不能直接推动智力活动对知识的处理和掌握，但是可以促进智力活动有效、顺利地完成，将其内化为自身的素质，提升个体的全面发展，跨越人生更高的境界，促进人的终身发展和不断进步。例如，东南大学将"美术与艺术鉴赏"课程设置为必修课程让学生在课程的学习之中体会艺术之美，从而提高学生的审美素养；清华大学极力推进艺术类社团朝着专业化、制度化、全民化、学科化发展，让学生在艺术实践过程中亲身体验艺术中蕴含的魅力，这些举措都表明了学校对艺术教育的重视程度，让学生充分认识到艺术教育给学习和生活带来的好处，不再将其视为累赘而忽视其价值。当高校开始科学地制订艺术教育的中长期发展计划，全面推进艺术教育的综合改革和创新发展的时候，就会让全校师生自觉地从观念上、行动上重视艺术教育，增进他们对艺术教育的价值认同，从而激发他们对艺术教育的兴趣，将艺术教育当作生活的必需品，提高审美意识，重视美育教育。

（二）改进艺术社团的组织形态

作为高校开展美育教育的重要途径，艺术教育工作包括艺术类课程教学，校外、课外艺术教育活动及校园文化艺术环境建设。大学生艺术社团是指在高校艺术教育指导委员会或大学生社团联合会的指导下，一群有艺术特长或艺术兴趣的大学生自发组建的学生艺术团体。大学生艺术社团通过开展各种艺术类实践活动，为大学生发展艺术兴趣、展示艺术特长提供平台。在艺术社团的实践活动中，参与者通过对艺术作品的学习、模仿、创造和再创造，了解优秀的艺术作品，感受和体验生活和艺术之美，参与者的艺术审美能力和创造力可以在艺术实践中得到锻炼和提升。根据大学生艺术社团的定位及其功能，艺术社团有理由成为高校美育教育的载体，通过与艺术课程教学相结合，举办经常性、综合性和多样性的艺术活动，来实现扩展和丰富高校艺术教育内容和形式的目的，这是由大学生艺术社团独具的艺术教育特点所决定的。

艺术社团能够强化大学生的审美意识，加深大学生对美的理解和认识。美育作为文化教育的重要内容之一，通过自然美、艺术美和社会美等途径，在潜移默化中对大众，特别是青年一代进行情感的陶冶、健康审美力的培养和健全人格的塑造。现在大部分高校开始重视美育教育工作，部分高校开设了美术基础类课程和部分选修课程，起到了良好的效果。"美"是人的本能追求，受学科、专业的限制，大部分大学生对美的理解和认识往往不够深入和全面，缺乏对于美感的基础认识。艺术社团通过组织集体研习活动和举办各类比赛、展览，能让大学生在学习、观察和实践中感知美的存在，从而更好地培养学生发现美、认识美的能力。

高校艺术社团要夯实审美基础，提升学生鉴赏美的能力。社团的发展离不开成员共同协作参与社团管理和组织完成活动，社团更强调实践，提高大学生的审美能力的关键在于掌握美的基本原理，例如，剪纸类、漫画类社团能培养学生认识形式美、形态美、色彩美、技术美、韵律美等美的基本要素，能运用基础美学知识完成对一件美术作品、设计作品或者一首音乐作品的分析，从而提高对美的鉴赏能力。社团的主要核心就在于"实践"，在实践中深化和验证理论的科学性。艺术社团在实践中能让学生真正拿起笔画画、伸出手弹琴、张开口歌唱，较好地陶冶情操，提高实践能力。人的学习一般都是从模仿开始的，也就是从"有形"的训练开始，真实地描摹、表现客观物象，在实践中不断摸索规律和总结经验；当达到一定的高度后，才能驾驭规律，进入"创造"的层次。大学生创造美的能力一定要建立在掌握基本美学规律的基础上，美学规律的掌握就必然要依赖于实践，在持续不断的实践中让社团学生掌握基本的规律和技能，从而筑牢创造美的基础，切实提升大学生创造美的能力。大部分高校都有针对中国传统艺术类的社团，如剪纸社、书法社、篆刻社等社团，这些社团能充分发挥各自的优势，让学生了解传统文化艺术，通过研习深刻把握不同艺术种类的特征和美学价值，激发出学生对传承优秀传统文化的热情，增强学生的文化自豪感，真正做到"以文化人"，从而坚定当代大学生的文化自信心。

高校艺术社团是高校实施艺术教育的主要载体，也是高校艺术教育"由技入道"的重要体现。艺术社团经过建设与发展，成为一个有明确奋斗方向、有理想、有责任、有活力的艺术爱好者的团体。以合唱团为例，合唱团由学员队和演出队两支队伍形成，学员队由非艺术专业且零基础的大一、大二学生构成，演出队由大三、大四有一定合唱基础的非艺术专业学生和艺术特长生组成。演出队代表学校参加各种省级、全国级和世界级的合唱比赛。高校艺术教育中心还可以聘请专业的教师对合唱团的成员进行集体上课，课程内容从基本的发声技巧，到试唱练耳的系统训练，再到对所唱歌曲的解读，让学生在学会唱一首歌的同时理解它的风格、价值和内涵；同时，面向全校学生开设"合唱艺术"课程（基础训练）和"音乐会合唱"课程（学习演出）。"合唱艺术"课程兼具欣赏和实践的功能，既能让学生深入了解合唱专业知识，又能学到与合唱相关的基础专业技能。"音乐会合唱"课程则通过选拔一些嗓音条件较好的学生进行学习，学生要在其中进行长达两年甚至更长时间的学习与训练。在这段时间内，学生不仅可以感受到中外经典合唱的艺术魅力，还能增强自身的合唱专业技能，通过不断的训练来艺术修养。学校还针对具有良好合唱素养的学生开设独唱和重唱课程，通过一对一地教学，保证学生的合唱能力的稳步提升，为建设高水准的合唱团夯实基础。因此，在高校美育教育载体创新方面，高校要逐步改进艺术社团的组织形态，促进美育教育的多元发展。

1. 社团指导"多元化"

指导教师在艺术社团中有着举足轻重的作用。校团委应该构建一个多元化的指导团队，高年级且具备熟练的相关艺术实践技能的学生可以指导没有基础的艺术类社团社员，帮助他们了解基本的艺术常识和基础的艺术技能；教师可以指导具有一定基础的学生，有效增强学生艺术素养和艺术技能，给他们提供一些校内和校外的艺术活动或比赛；艺术领域的专家可以指导那些由专业艺术学生组成的艺术社团，深入指导艺术实践技能，以达到专业化的艺术社团水平。学校可以面向所有的艺术社团成员开设艺术素养类的专题培训，邀请学校专业教师和专家以讲座、汇报的形式，提高艺术类社团成员的艺术理论素养。

高校应积极采取行动，主动培养社团专职教师。社团与学校社团管理组织应进行积极沟通，使官方组织出面与本地相关艺术群体建立合作制度，委托具有高水平、高素质、教育热情的艺术演员成为社团专职教师。社团也应该进行社团发展历史资料的整理收集，避免在社员毕业资料也完成了"毕业"。丰富、完善的历史资料，很大概率可以成为下任社团专职教师了解社团历史、演出的重要资料，也可以为社员增添社团归属感和荣誉感。

整合各方资源充实美育教学力量，努力构建一支师德高尚、业务精湛、相对稳定、结构合理的高素质专兼职美育教师队伍，由这些老师来担任社团指导老师。

他们既要了解艺术的一般规律，又要掌握审美的基本方法；不仅会传授专业技能和指导实践，还会担起教书育人的责任；既坚持道德素养和专业能力并重，坚持立德树人，还用自身的人格魅力潜移默化影响学生，教会学生通过艺术实践欣赏美、感受美、创造美。

高校应通过提供适宜的工作环境和相应的鼓励政策，促进学校一线教师与外聘兼职教师一起深入教学、活动、艺术社团和艺术活动的组织管理，充分调动指导教师的积极性和创造性；促进美育教师培养、培训、研究和服务一体化，提高美育教师师资整体素质。此外，高校有必要建设一支以专家学者、社团指导教师和社团学生骨干力量为主体的科研型队伍，充分研究各类艺术社团的发展规律，在不断变化的时代特征下把握社团的发展动态，为促进艺术社团的良性循环和可持续发展提供科学的理论指导和支持，并不断探索和创新艺术社团发展的新模式。

在全球化浪潮下，各种新兴教育观念逐步出现在大众视野中，高校在实现高等教育过程中不能只重视教学观念、教学方式的变化，应该将关注目光更多地投放在如何引导教育管理体系走向先进、规范、可持续发展，只有我们建立起这种完善的教育管理体系，才可以更好地支撑高校艺术社团活动开展。

2. 社团发展"协同化"

高校存在一类由学生自发组成的艺术类社团，这类社团的特点是成员因感兴趣而集合在一起，没有固定的活动场地，活动规模较小。这些特点制约了小社团的发展空间，但同时这类社团的灵活度比较高，能够与各类社团进行有机的合作，提供给它们另一种发展的模式。规模小、人数少的社团可以寻求艺术领域相近的且同样小规模的艺术类社团合作，实现共同发展；还能与青年志愿者、支教团等具有公益性质的社团合作。艺术类社团可以在公益活动的时候进行文艺表演、开展艺术课程，不仅丰富了公益类社团的活动形式，吸引更多的人参与公益活动，还能增加艺术社团实践表演的机会，增长经验，实现协同发展。

3. 社团文化"精品化"

社团文化建设要注重传统文化与社会主义核心价值观的引领和融入，挖掘本地的特色和传统，增强学生弘扬中华优秀文化艺术的责任感和使命感。有条件的高校要以戏曲、书法、篆刻、剪纸等中华优秀传统文化艺术作为重点项目。社团文化要走精品化建设思路，必须做到如下几点：第一，引导大学生始终坚持突出艺术活动的经典和高雅原则，防止艺术活动的低俗、庸俗和媚俗倾向；第二，引导大学生既要理解并尊重多元文化，更要加强对社会主义核心价值观和中华优秀传统文化的引领和融入，增强学生弘扬中国优秀文化艺术的使命感和责任感；第三，注重引导大学生透过作品深入领悟作品所表现的审美理想，用艺术所蕴含的人文精神陶冶学生的情操，培育学生的高尚人格和健康的审美观；第四，在扩大社团影响力的同时，充分发挥高校文化优势对于社会的辐射作用，推动和引领地方先进文化，体现大学生的社会服务价值。

4. 社团分工"明确化"

高校的艺术社团从本质上来说还是由学生自主创建的，是学生进行自我教育、自我管理、自我服务的平台。因此，在社团成员中形成较强的凝聚力是社团有序、稳定发展的前提。一个分工明确、社员定位清晰的社团具有更坚定的凝聚力。学生在找到自己在社团的定位后，在了解自己的工作职责时，就自然而然地会对社团产生认同感，从而提高整个社团的凝聚力。

5. 社团活动"课程化"

高校要将学校的社团活动实行"课程化"管理。高校要成立美育教研室或美育教育中心，面向全校统筹艺术课程、艺术社团活动等各类艺术教育方式。高校应将学分制引入学生艺术社团的评价体系中，与其他艺术类课程接轨，将艺术社团纳入学校的教学计划。例如，通过对课程目标、课程任务、课程内容、课程保障和课程考核标准等的制订形成规范的美育课程大纲；将高校美育课程的总学时分为三个部分，理论基础必修课、艺术鉴赏选修课、社团艺术实践课各占一部分，三部分学时修满方可获得美育课程的学分。

各艺术社团通过公众号或小程序在学期初提供社团艺术实践活动课表。学生可以选择性加入某社团，按时参加社团的集体实践活动，每人每学期最多选择两个艺术社团。社团在活动的"课程化"管理中实施学时认证制度，社团负责人进行考勤的认证，社团指导教师负责对学习实践效果进行测评，学生在社团负责教师的考核后获得相应的学分。

二、高校美育教育的载体——思想政治教育

（一）高校思想政治教育与美育教育的关系

1. 思想政治教育与美育之间具有普遍性与必然性的联系

这一联系主要体现在教育原则、教育任务、教育内容和教育艺术等方面。从学科构建上看，思想政治教育与美育都具有教育学的交叉性质。从育人的方式上看，二者的方式和载体有所差异。

第一，在教育原则上，二者都具有整体性和辩证性，在具体的育人过程中不是片面地强调某一方面，而是在整体上把握教育过程，具有层次性的递进关系，包括由整体到局部、由形式到内容、由现象到本质的教育逻辑。思想政治教育通过对理论原则的整体把握再到局部个别的一般分析，由此正向引导受教育者形成一套方法论，以此产生对错、价值、善恶等观念，从而影响受教育者的人生观、价值观和世界观。美育从整体上使受教育者对美学理论产生整体的感性认识，从而在分析个体时提高美学理论和美学修养，从而形成具有指导主体分辨具体一般的美丑观念、人生选择、人生境界的方法论意义。思想政治教育和美育的原则都是具体的、历史的，是绝对性和相对性的统一。绝对性体现在无论思想政治教育原则还是美育的原则都具有客观性和独立性。作为一门完整的学科，二者具有符合客观存在、符合社会存在的现实性。相对性体现在二者的原则建构都是历史的产物。在生产力不断发展的历史背景规律下，社会意识必然也在跟随历史的"车轮"产生新的认识，学科的原则必然也会不断发展和不断完善。

第二，在教育任务上，二者同样具有普遍必然的联系。思想政治教育引导受教育者树立崇高的理想信念，通过理论、实践、榜样、案例等方式给受教育者以鲜明性的教育传达。美育通过审美教育使受教育者提高审美修养并能够触及美的广泛领域，通过美感的体验产生对人生、社会、民族、国家的归属感和责任感，由内而外自觉地产生对理想和信念的追求。同时，二者都可以鼓舞受教育者的精神，通过不同的方式促使受教育者形成积极、健康的心理状况和精神状态。思想政治教育通过鲜明的教育导向和明确的教育方法使受教育者受到精神的洗礼，从外而内的对受教育者进行激励和鼓舞。美育则以审美活动为主要方式，以培育受教育者对美的认识和体验为主要手段，由内而外的对受教育者进行精神上的鼓舞

和感化。

第三，在教育内容上，思想政治教育具有全面性和系统性，以理论教育为主，通过世界观、政治观、人生观、道德观等重要方面对受教育者人格进行塑造。美育通过触及受教育者内心深处的审美需要，以美的方式呈现美的世界、美的民族、美的社会、美的人生。

第四，在教育艺术上，思想政治教育通过语言的艺术、把握时机的艺术、选择教育方式的艺术等方法论层面的艺术对受教育者进行适时、适度、适量的教育开展。美育则通过审美活动中自然美、社会美、人物美、艺术美等本体论层面的艺术对受教育者进行美化、美感、美性的教育开展。

与此同时，思想政治教育与美育在各自的学科发展中呈现共同的上升运动，二者除了具有普遍和必然的联系之外，还在发展上具有共同的方向性，主要体现在思想政治教育的学科建设与发展及美育的学科建设与发展方面。综上所述，思想政治教育与美育在包括教育原则等诸多方面具有普遍和必然的联系，这是思想政治教育与美育之间内在辩证逻辑的重要方面。在发现这些普遍必然的联系前提下，进行二者之间的交叉研究和实践的运用具有重要意义。

2. 思想政治教育与美育存在辩证统一性

这主要体现在两个方面：一是在显性教育与隐性教育的方法论境域的辩证统一，二是在"德"与"美"的本体论境域的辩证统一。

第一，思想政治教育以显性教育为主体，其特征是在教育过程中教育主体与客体的主次化分明，在教育内容上具有计划性和系统性以及教育方式的直接性和公开性。这在对教育者进行施教的过程中具有明确性强和主导性强的优势。这也是思想政治教育过程中最主要、最直接的教育方法。显性教育的本质和特征决定了其地位，其所起的主体作用是其他教育方法所不能取代的，也是当下大学生思想政治教育过程中的普遍方法和主要方法。隐性教育表现在教育方式的渗透性和隐蔽性，受教育者的强主体和能动性，以及教育场域的开放性上。思想政治教育与美育的辩证统一性中孕育着显性教育与隐性教育的矛盾运动，也正是这种矛盾运动的必然存在才反映了思想政治与美育之间的辩证逻辑。

第二，思想政治教育内蕴的核心是以"德"为本的教育全过程，美育所内蕴的核心是以"美"为根的教育全过程。对于"德"与"美"的探索伴随着人类社会发展的全过程。

因此，对于思想政治教育的"德"教和美育的"美"教，应该发现二者之间的必然联系和辩证统一关系，用交叉研究的方法，用联系与发展的眼光对二者的辩证逻辑进行论证和分析，以"德"育"美"，以"美"尚"德"，以思想政治教育为主导，以美育为内在促动力，这是大学生思想政治教育和美育教育的出发点。

1. 教育目标一致

高校思想政治教育的重要作用是"立德树人"，使学生的德行符合社会发展的需要。学生的德行不仅包括高尚的道德品质，也包括良好的审美情趣。审美教育的核心内容是促使受教育者掌握与美相关的理论，提高受教育者认识美、鉴赏美和创造美的能力，形成健康的审美情趣，美化心灵，塑造健全的人格。二者的教育目标均是促使受教育者能够树立正确的人生观、价值观和世界观，提升个人素质修养，促进身心健康、全面发展，在培养、塑造和提升个人综合素养上有异曲同工之妙。高校美育教育以思想政治教育为载体，能够使受教育者提高精神文明程度，使高校学生正确认识真、善、美，辨别假、恶，丑，激发健康阳光、积极向上的正面情感，陶冶情操，调节和摒弃阴暗消极、悲观落后的不良情绪，最终成为符合社会和时代发展需要的合格人才。

2. 教育过程的相互渗透

高校思想政治教育的内容分为理想信念教育、爱国主义教育、道德规范教育和全面发展教育四个部分。思想政治教育作为美育教育的载体，可以整体提高社会主义精神文明建设水平，培育学生的心灵美和行为美，增强思想政治教育的实效性，达到教育目的。思想政治教育与审美教育是相互联系、互相渗透的。高校应在思想政治教育中融入审美教育，使受教育者在美的熏陶之下接受德行教育。同时，思想政治理论知识的学习，能够为受教育者树立明确的道德标准，而审美教育更有利于其辨别是非与美丑。美育教育可以通过现实中一切美好的事物和形式来表现德行的光辉，并以此来熏陶和感染受教育者。适合的美育教育能够丰富校园文化生活，培养学生的高尚的道德情操，提升学生的精神境界。高校借助审美知识、审美方法、审美手段开展思想政治教学的相关工作，即能够加强思想政治教育的实效性、针对性和操作性，又能够运用多样化的美育教育形式拓展思想政治教育教学的途径。

3.教育作用相互促进

高校思想政治教育的主要教学任务是培养和提高高校学生的思想政治素质和道德品行修养。这其中自然包含审美理念和审美能力的培养。高校学生思想品德的形成和发展是受主客观因素的支配和影响的。同时，审美理念、审美思想、审美能力也影响着学生德行修养的形成。高尚的审美情趣有利于激发人拥有良好的思想品行。

在当代，人们随着时代的发展，思想也在不断更新。整个社会更加注重个人的综合能力和综合素养，对高校学生的学历、技能、素质等综合能力要求也越来越高。因此，高校教师和学生都更应该注重自我价值、人生理想、综合素质的培养和提升。思想政治教育是社会规范化的理性教育，审美教育是自然灵活性的情感教育。在素质教育中，德育是第一位的；而在人的全面发展中，审美教育更是不可或缺的。高校思想政治教育是严谨且细致的理性学科，美育教育是灵活、多样、富有感染力的感性学科，二者相互促进、相互补充。高校思想政治教育作为审美教育的载体，可以兼顾社会规范和情感教育双重培养，符合思想政治教育的创新和实践需求。同时，审美教育还可以培养高校学生的审美思想和审美观念，帮助高校思想政治教育目标更好地实现，其作用和意义即长久稳固又深入人心。

（二）高校美育思想政治教育载体的创新

1.加强美育教育，充实思想政治教育内涵

高校要在思想政治教育中挖掘审美素材。高校思想政治教育既要重视理论知识的学习，也要注重审美教育，以便丰富拓展相关理论知识内容。二者只有互相融合、相互吸收，才能更好地适应和符合当下人才培养需求。青年一代要想树立崇高的理想和远大的目标，就需要拥有扎实的学问，并形成切实的专业技能和生存本领，从而真正促进理想和目标的实现。审美教育是高校思想政治教育中不可缺少的重要环节，其对高校学生理想信念、人格素养、价值观的形成都有着直接的重要作用，高校在开展思想政治教育工作时，不能只注重知识理论的传达输出，也要注重对大学生的情感和精神的感召，这样不仅可以使大学生接受马克思主义理论，也能够使学生的成长方向更加贴近时代政策的需求。

高校要充分认识和把握思想政治教育与美育教育的内在联系，从教学目标、教育内容、教师队伍、经费投入、配套支持等多维度、全方位地把握美育教育的

内涵,把审美教育教学理念融入高校思想政治教育管理的各个环节,加大理论、方法、手段、资源的研发投入,采取奖励评优和课题研究资助等形式,激励高校思想政治教师和相关从业人员积极关注思想政治教育与美育教育学科间的联系和课程开发,发掘更多教学资源,使大学生的思想政治理论学习不再枯燥乏味反而更加富有乐趣;同时,有效提升个人审美能力,稳步推进在高校思想政治教育中融入审美教育工作。随着互联网技术的高速发展,大学生接受和认识事务的能力较之前强了很多。高校思想政治教育作为高校美育教育的载体,要努力改善高校思想政治教育中灌输式教学的弊端,提倡开放式、有计划、有目标、循序渐进的教学模式。高校要做好调查研究,协调和落实好教学资源、教师培训、内容开发等方面;同时,将学校、家庭、社会教育多方位结合起来,抓住教师和学生在校期间真正在意的热点问题,结合相关思想政治教育理论知识,把道理讲透、讲清、讲明,将审美教育建立在对思想政治理论的正确把握和深入理解的基础之上。辩证唯物主义认为,社会存在决定社会意识,大学生存在的思想精神层面的相关问题很大一部分都源于生活实际。因此,高校在开展思想政治教育时,也要关注学生的情感、心理和精神,同时还要注重学生在成长过程中存在的差异性。审美教育的融入能够使教师通过情感和精神层面贴近学生心理,从具体问题着手,更好地贴近和理解学生的思想实际,推进思想政治理论,最终取得更好的教育效果。

2. 丰富审美文化的思想政治教育实践

高校开展思想政治教育要贯彻"文化育人"的教育理念,培养大学生健康审美能力,强调以文教育、以情化人,贯彻并落实思想政治教育以人为本的基本原则。学生文化是思想教育的中心和出发点,更是教育课堂的目的和归宿,高校应通过多样化的校园文化活动,充实学生的课外生活经验,培育学生良好的文化生活审美实践能力,培养学生理论联系实际的能力,进而调动学生对于思政教育课的兴趣,从而加深学生对思想政治课程的理解,把思想文化素养教育纳入高校普遍开展的校园文化活动之中。

第一,要以文化建设理念为引领,培养独特的校园文化,明确高校的各项规章制度内容,特别是校风校训、大学精神、文化理念等,让大学生主体成为校园文化建设的参与者、见证者。

第二,在文化构建过程中,高校应该逐步制订好舆情事件的控制举措和方法,以增强文化的正能量传递力和影响力。同时，相关政府部门应针对高校所反馈的问题和建议做出及时改正并适当的处置，认真地进行舆情疏导工作，针对易造成关注和讨论的校园事件做出科学、公正、客观的处理，做好让每个大学生都心悦诚服的宣传文化，以培育文化自信。

第三，宿舍文明建设作为学生校园生活的主要组成部分，同时也是校园文化建设中精神文明建设的主要环节，为了提高和完善宿舍的硬件设备的需要，高校可通过评选全国文明宿舍、寝室文化节、寝室美化大赛等活动提高寝室的文化软实力，利用寝室文化长廊展览优秀文化作品、艺术作品等，从而培养大学生的健康审美能力。大学生可以通过参加现有的文学活动得到丰富道德营养，以便通过建立健康的审美趣味提高审美能力，形成独立健全的人格和积极上进的精神风貌。高校可以通过形式丰富多样的校园文化交流活动，以大学生比较感兴趣的方式把最先进的文化资源纳入大学生日常思想政治教育教学中，以进一步丰富学生对世界先进文化的了解与认识，进一步积淀大学生的文化底蕴，在"内涵于心"和"外化于行"的教学过程中，逐步实现育人环境的改造，把先进文化知识逐步转变为学生的综合文化素养，从而真正实现思想政治教育文化育人的目标。理论要与实践结合，在知行合一中，内化于心。高校要切实做到知行合一，既要教授革命文化理论知识，也要传承和弘扬革命文化的优秀成果，使学生可以在课堂上认真品味红色故事，在课后活动中积极参加系列主题展，从而使得学生可以从理论联系实际上中坚定革命文化自信、发挥革命文学自觉。丰富多彩的校园活动是培养大学生文化素养的活跃教材，青年学生在学习文化的过程中能够增强文化自信。

（1）丰富课堂审美文化

在课堂内，选取符合社会主义核心价值观、优秀传统文化和历史重要节点的纪录片、影视作品、音乐戏剧等艺术作品进行观看赏析，运用隐性教学方式引发学生情绪和情感上的共鸣，让学生在观看艺术作品的同时了解其背后的家国情怀、民族大义、历史变迁、经验教训等重要内容，通过课堂讨论、情景教学、问答发言等多样化互动形式，使学生成为思想政治教育学习主体，参与教学实践。

（2）丰富校园审美文化

在校园内，充分发挥思想政治教育在校园文化中的隐性育人功能，使校园文化作为思想政治教学课堂的丰富和延伸，促进学生"内""外"兼修。目前，大多数高校尤其是在教学和生活公共区域内，已经设立和张贴了各式各样的名人名言、教学理念、警示标语、先进人物等宣传标识，但由于其形式千篇一律、毫无新意，很少有学生愿意驻足观看，所获得的现实教育效果微乎其微。因此，高校应该在形式和设计上充分融入审美和艺术元素，除了在内容、颜色、形式上创新外，还可以利用 LED 屏幕滚动播放、动画或者人物短片、短视频等，吸引学生眼球，在课间或课后的片刻时间实现教育内容的正向输出，将高校思想政治教育内容融入师生日常学习、生活的点滴之中，让学生们在"有形"的宣传与"无形"的理念相融合的校园文化中提升自我。

（3）丰富教学实践审美文化

在实践中，高校应组织和开展主题知识竞赛、演讲比赛、美术摄影展、参观纪念馆、公益活动等蕴含教育意义和审美价值的课外实践活动，为大学生搭建自我展示的舞台，同时可以邀请各行各业优秀的学者、讲师、先进模范等开展讲座，分享学习成果和社会经验，推动知识理论向实践活动转化，以此促进学生的学习驱动、迁移和升级，打破教师和学生的代沟和隔阂，增强师生互动，在感受审美艺术魅力的同时，深刻体会其中的理想信念、人文精神、文化底蕴等内容，增强大学生的民族自信心和爱国情怀，培养其自立自强的精神；除此之外，还能够提高学生的沟通交流和团队协作能力，以及学生的自信心、进取心、归属感和荣誉感，让学生在审美艺术的校园文化氛围中，将高校思想政治教育知识理论内化于心，充分提升思想政治教育立德树人功能的发挥。

3. 加强美育培育德育的过程创新

高校思想政治教育作为美育教育的载体，是师生共同参与的过程。一方面，这一教育教学工作的有效推进离不开思想政治教师的热情投入，这就需要从激励制度上调动教师的主动性和积极性，并有效发挥其特有的示范性，从而对大学生形成持久的吸引力，进而建设"以美育德"的良好生态；另一方面，思想政治教育教学活动的顺利开展也离不开大学生主体性和主动性的有效发挥。因此，这一教育教学及其实践活动的高效开展，还需要建设并加强以大学生发展为中心的激励制度；重视大学生个性化发展，适时给予他们标准化规范和强效鼓励，从而使他们主动、热情地参与高校思想政治教育为载体的美育教育。这不仅能促进他们的学习潜力，还能将外在的驱动力转化为他们内在自觉的自我学习能力。例如，高校通过完善并强化落实相关制度文件以及明确具体的奖励措施，对大学生的行为修养做出客观、公正的评价和考核的同时，使其明晰哪些是值得鼓励和提倡的，并以此导行塑行，促进其人格的完善和全面发展，从而使其成为国家和社会所需要的合格优质人才。

4. 引导学生认识美的本质

思想政治教育应该引导学生认识美的本质。将"美是什么"的哲学思考融入学生的人生价值观思考中。从认识论境域讲，就是如何认识美，换言之，就是对美的感受即美感的培养。美感，即人对于美的感悟和认知能力，这种美感是"见于物，呈于心"的体验，即主客观统一的体验。美育不仅仅要引导学生科学地认识美、了解美，更重要的是培养学生的美感。思想政治教育应该培养学生把握对美的认知和感受，学会发现美、欣赏美、创造美，并且在人生历程中不断培养美感，使人生不仅停留在功利境界和道德境界，还可以升华为审美境界。同时，高校及教师要以思想政治教育为主体不断创新美育，将美育融入思想政治教育的全过程中。这就涉及认识美的本质、运用美的方式、培养美的感受、创新审美教育等多方面的问题；要围绕思想政治教育学原理和思想政治教育的本质功能，将美学理论和通识美学融入思想政治教育过程，更丰富地研究思想政治教育艺术，将艺术教育升华为审美教育，将美的新理念新思想融入到思想政治教育课堂教学中。

（1）以美培元——激发原动力

进入新世纪，伴随着科学技术的迅猛发展，人性的完善和全面发展受到严重挑战。美育教育与人的全面发展的内在关联性也得到社会的普遍重视。于是，美育教育问题不仅是一个理论问题，还是一个迫切需要解决的重大现实课题。如今，人们在总结人类几千年的历史经验的基础上重新认识、评价美育教育，从而发现了美育教育的独特地位和重要作用，有助于人们利用美育教育成果来更好地培养人和教育人，让人特别是青年人成为一个全面发展的人。作为大学生思想政治教育重要考量的实效性要增强，就必须要对"全面育人"理念坚持到底，并对受教育者的主体性予以充分尊重，充分考虑学生的个性化发展，凸显教育的具象性与针对性，追求教育过程的愉悦性。这样有利于大学生更好地践行社会主义核心价值观，有助于培育大学生的爱国情怀。大学生是爱国主义的主要承载对象，美育教育以"自然美""形式美""情感美"等融入爱国主义教育中，加大对爱国主义教育的情感认知。美育教育有利于培养大学生的友善品质。用中华优秀友善基因厚植友善价值观的培养，有助于大学生树立正确的社交理念，构建良好的、多层次的人际交往圈。教师应多用现实生活中见义勇为、善人善举的"美"的现象来激励青年学生向上向善。善举是友善的深刻体现，是人间大美的展现。理想信念是人类文明所独有的精神标志，追求远大理想、坚定崇高信念是大学生健康成长、成就事业、开创未来的前行动力。美育教育可以引导大学生追求一种美的理想状态，实现理想的超越性，进而实现人生梦想。从社会主义核心价值观的培育到人生理想的树立，美育教育在起重工起到了不可复制的作用，这正是一名青年学生应具备的基本素质，也是其实现梦想的前提基础。

（2）以美启真——绽放生命力

高校思想政治教育肩负的重要使命就是"为党育人，为国育才"。高校思想政治课承担着"立德树人"的根本任务，是美育教育、科学研究、人才培养、社会服务、国际交流的重要载体。其中，人才培养是根本，是生命力之所在，也是衡量高校思想政治教育成效的标尺。在精神文明建设的进程中，美育教育的实施是必然选择。实施科教兴国，尤其在高校教育领域，要求着力培养德、智、体、美、劳全面发展的时代新人。在当今社会，高校思想政治教育的"隐性教育"特征更加凸显出来。高校教育工作者在努力加强学生专业知识学习内化的同时，要注重思想政治教育理论的传授，这也就是"课程思想政治"的内在要求，通过将理论与实践结合、改善思想政治教育环境、营造良好的审美氛围等有效方式方法来加快实现教育目标。作为调整社会行为特殊规范的社会意识——道德对人的内在精神的约束性无可比拟，道德作为价值尺度对人类的自我精神具有塑造的功能。如果教师仅仅依靠理论说教容易使学生产生排斥的情绪心理，则教师在对学生进行道德品质教育时更应当试图使道德准则内化于学生的思想上和体悟上。因此，辅助品德教育的实施也是美育教育的间接功能。在潜移默化中使人自觉自愿地转化道德行为模式和心理结构，恰恰是社会主义美育教育的优势所在。美育教育能够让社会规范要求完全烙印在人的良知和德性之中，并且美好总能给人带来愉悦。而人类通过对美好事物的体验和浸润，往往能够有所得、有所悟，自然而然就会对人的思维模式的建构起到潜移默化的影响和转嫁。我们经常说的"知、情、意、信、行"，就是美育教育形式和道德自律在内外交相辉映的状态下达到的圆融自足。同样,"美"和"真"也不能互相替代。外在美与内在美的统一、道德他律向道德自律的转化,个人道德品质与社会道德风尚的协调,"十年树木百年树人"这些目标和工作的完成,均有赖于高校思想政治工作的大力推进。思想政治教育的生命力还在于对社会进步和个体发展的效用,从社会和个人的发展来看,思想政治教育的目标和任务并不是唯一不变的,随着时间、空间的转移也会呈现出阶段性的特征。随着人们对精神生活需求得越来越明显、越来越直接,人们对思想政治教育的要求也越来越高。

(3)以美悦人——增强吸引力

大学生思想政治教育的目的在于将正确的政治思想、道德规范等有效转化为学生内在的思想行为,培养学生树立正确的世界观、人生观和价值观。美育教育通过逻辑清晰的"内在理路"作用于人的"感性"存在。所以,在通常意义上,"感性教育"亦用来表述一般美育教育的具象化,这里的"感"是指人的第一信号系统对外物的感知,也有心有所动之意,"性"通常指人性,蕴含着本能、欲望和感情。

总体而言,从我们对美育教育的分析可以看出,美育教育的特点在于引导而非强迫,通过调动人的兴趣、触动人的感情来让学生感受到教育的意义,这就是我们常说的"寓教于乐"。教师可以恰如其分地利用生动的案例和丰富的情感表达走进学生内心,把"晓之以理"融入"动之以情",产生"寓育于美"的效果,让学生主动渴望接受教育。

经济全球化和信息技术产业革命化的不断推进,促进了新兴学科的发展和学科间交叉融合的深入研究。与此同时,随着我国综合国力不断加强,我国的国际地位不断提升,市场竞争也日趋激烈,世界各国间的竞争也可以说是教育与人才的竞争。因此,在思想多元化、价值多元化、竞争日趋激烈的复杂环境中,中国亟须政治思想坚定可靠、专业技术扎实、创新创造精神佳的综合优秀人才。为此,高校思想政治教育作为美育教育的载体,应该重视在教育教学工作的实施管理过程中引入竞争机制。例如,在各管理部门中,形成流动性的高进低出的竞争机制等,以优化管理结构,形成一支优秀的思想政治教育管理队伍,以使美育教育教学活动保持生机和活力。由此,才能深入推进教育现代化,建设教育强国,办好人民满意的教育,才能有效满足新时代优秀人才培养的标准要求,才能充分满足激烈的市场竞争对高素质人才的迫切需要。

第二节 高校美育教育运行机制创新

一、高校美育教育领导机制的创新

高校美育教育领导机制是美育教育运行的首要工作，领导机制的创新会影响高校美育教育的有效运行。高校传统的等级组织管理模式强调的是管理者的责任和权力，以管理制度和管理控制带动管理工作，从而实现管理目标。这种领导机制不利于高校教育的创新，也不利于教育活动的灵活开展。高校要创新高校美育教育领导机制，就要建设校院两级"齐抓共管"的领导机制，加强和改进高校美育教育，使具体的教育工作落到实处。

高校美育教育的组织协调是一个需要调动各方资源力量形成合力的系统工程。同时，美育教育教学活动的过程是全员参与的过程，在此过程中，需要推动学校各职能部门、二级学院及相关管理者等诸多要素的协调配合。高校要切实落实"全员育人"措施，形成纵横交织的整合与联合的领导机制。具体而言，在各职能管理部门方面，高校要不断建立和完善相关部门的协同工作机制。例如，通过制订相关规章制度进行约束和保障，以此营造良好的工作环境和氛围，强化各相关部门在此教育教学工作中的重要职能作用。在各二级学院中，学院带头领导人及组织学生工作的管理者，要齐抓共管、细化落实高校美育的各项教育工作。此外，负责美育和运用该资源的其他学科老师也应注重美育教育教学活动目标、内容等各要素的整合，并在实施过程中注重遴选反映时代精神与民族精神、优秀传统文化与社会主义先进文化的优秀作品，注重开发和采用美的方式方法，并与艺术教育、思想政治教育等载体积极合作、协调配合。只有这样，才能保障高校美育教育领导机制的创新，保障美育教育教学工作的有序开展和强化。

二、高校美育教育动力机制的创新

高校美育教育的动力机制来自高校美育学科的建设和发展。科学理论指导伟大实践，美育实践在高校的发展也同样需要强大的理论指导。高校要充分认识美育理论对于大学生美育实践的重大指导作用，自觉加强美育学科建设，推动大学生审美教育工作的健康发展。

在关于美育学科的定位问题中，最为根本的是要确定美育学科的"本体"，也就是明确美育的性质、特点、规律、形态、功能等问题。而要对这些问题进行更为精准的把握，则要搞清楚美育是一门什么样的学科。美育应该至少具备三个特质：一是具有现实针对性，是一门作用于人的精神维度，促进人格完善的人文学科；二是具有跨学科特质，是一门多学科交叉的应用型学科；三是在整个全面发展教育体系中具有一般与特殊的双重特质，是一种素质教育。

（一）美育是一门独特的人文学科

美育一直在对现实社会问题做出回应。美育与一些自然学科和社会学科把客观的自然现象和社会现象作为研究对象不同，而是更具体到活生生的"人道""人性"层面。当代的美育具有强烈的现实指向性。在如何解决这一社会问题的方面，美育表现出了独特的价值诉求，旨在通过审美的方式使人们摆脱困境，从而实现人的审美的生存。所以，美育在对人的生存和发展问题表达关切时，具有浓郁的人文关怀。

（二）美育是一门多学科交叉的应用型学科

学界一般认同美学、教育学和心理学是美育的三大支柱。这三方面表现出了对美育不同维度的侧重。从美学角度而言，美育可以凭借美学来把握研究范围、对象、价值、功能等基础概念，因为美育简单理解就是人的自身美化，而这个美化过程其实就是通过一些可控的审美活动来对人施以影响，所以美的一些本质规律可以适当地运用于美育过程中。从美育与教育学科的综合角度而言，主要体现在"育"的方面，即落实到对美育的实行、实施的问题，例如教学方法、课程设置、教师培养等。而心理学对于美育的价值在于，可以将美育实践落实到个体的审美发展之上，而审美发展包含了审美能力、审美素质、审美态度等心理因素的提高性过程。此外，我们看到，美育与现代科学也展开了联姻，像生理学、神经学和智能科学都参与了美育学理论的建构，深化了当代人对自身结构的认知，跨学科的美育研究为美育的知识体系输送了新鲜血液。美育学之所以需要多学科的融合，是因为美育除了需要借助一些学科完成自身理论建构之外，还需要借助一些学科完成实践策略上的吸收。所以，美育的跨学科性也会使美育具有其他学科属性的问题。但有一些概念和属性并不能完全照搬入美育学中。所以，当下的美育学建构，需要不断地明确独特性质和研究范畴，同时也要加强对美学、教育学、心理学等相关学科的基础理论研究，打破学科之间的壁垒，贯通相关知识体系。

（三）美育是一种独特的素质教育

美育作为一种素质教育，在教育体系中与德育、智育、体育、生产劳动教育并列，是五育之一。相较于其他学科，美育在整个素质教育中的地位既重要又特殊。这是因为美育主要培养的是人的审美素质，而人的审美素质是人的整体素质的一部分。审美素养的习得可以使人具有正确的审美观以及一定的鉴赏美和创造美的能力，这是它的一般特性所在。而其特殊性在于，审美素养是人的一种特殊的精神素质，具有面向人的精神整体的作用，即对审美世界观的培养、对文化的养成、对德智体其他各育的渗透和协调。美育不等同于艺术教育，它不是纯粹的艺术技能的培养，而是让人具备审美素养，从而以审美的态度面对生活。而美育之所以具有文化养成的作用，是因为当人具备审美能力之后，他的文化素养也会相应提高，从而成为一个有文化的文明人。从学科角度来看，美育对德、智、体有广泛的渗透作用，例如，在德育可以借美育在潜移默化中培养人的道德观念；对于智育而言，美育活动对人创造性思维的激发有助于开发人的想象力，从而间接地培养人的科学素养；对于体育而言，美育会促进人对于形式美的感受能力，使人在体育运动中体验到审美的愉悦，从而促进人身心的健康发展。所以，美育在整个教育体系中是更为基础性的存在，它的渗透性作用可以克服其他教育在育人方面的不足。

（一）高校要自觉加强美育学科建设

自 20 世纪 80 年代中国美育进入复苏阶段以来，随着美育理论研究的不断深入，高校将美育作为一个专门学科来建设的认识逐步得到统一，美育学科的特有属性，还强调理论与实践的结合。高校汇集了各门各类的高级研究人员，是理论研究和知识创新的重要场所，也是实施美育实践的现场，具有建设美育学科得天独厚的条件。因此，高校要充分重视美育学科的建设，引导和组织相关学科科研人员联合攻关，系统研究美育学科的一般规律、本质特征、功能任务、方式方法等基本问题；同时，提供学科建设所需的经费、人员、场所、设备等必需的基本条件物质保障，支持并推动美育学科的建设与发展。

（二）利用学科优势建设美育课程

高校美育教育要紧紧依赖并整合现有学科实力，美育课程的建设要面向未来，站在更高的层次上，从全新的角度认识和研究美育的基本问题。高校应沿着素质教育的方向，借助学科研究优势，以全体学生为教育对象，以古今中外美学思想、文艺学思想、教育思想和现实教育实践为基础，以数字信息化传媒为手段，构建具有中国特色的、具有新的内涵的美育课程。高校要以学科建设为主体统筹学校的美育工作，有计划、有步骤地推进美育课程建设工作，把文艺理论、教育学等专业课程作为美育实施的重要手段和内容，完善美育课程建设，并辐射到其他学科领域，渗透到学校教育的方方面面。与此同时，高校要将小说、戏剧、诗歌、音乐、绘画等艺术的欣赏和创造作为美育理论课程的补充形式，通过具体且生动的审美实践活动提高大学生的审美鉴赏能力和审美创造能力，实现情感的满足和升华。

高校应该更新对美育的认识，重新定位美育的地位。高校美育作为一种特殊的人本精神教育，不仅可以提升大学生的审美素养，还能在美育的熏陶过程中影响大学生的情感，从而达到激励大学生精神的效果，因此高校美育更应注重对大学生人文素养的提升，而非专业艺术的训练。高校美育要以审美和人文素养培养为核心，以创新能力培育为重点，科学定位各级各类学校的美育课程目标，高校美育应以艺术课程为主体，各学科相互渗透并融合，以提升大学生的综合素质和人文素养为主要目标，以培养健全人格、全面发展的大学生为最终目标。

三、高校美育教育保障机制的创新

高校美育教育的保障机制是高校美育运行机制的一个子系统，是由美育系统内部起保障作用的各要素之间通过相互联系、相互作用、相互制约而构建起来的工作体制、管理规范和工作方式。美育教育应贯穿学校教育的全过程，落实在教学、管理、后勤服务等各个环节上，各部门也应当充分发挥自身优势，主动、自觉地把美育渗透到各自的工作之中。美育应该融入整个教育体系，贯穿整个学校的全部教育之中，存在于诸学科的内容和形式的一切方面和一切环节。学校的所有教育环境都应当发挥优势，主动、自觉地把美育与大学生的人格培养渗透到工作之中，融入整个教育体系，建设"全员、全程、全方位育人"的大学生美育保障机制。

（一）创建美育"全员育人"保障

"全员"包括学校领导、教师、管理人员和服务人员等各层面的全体人员。

1. 领导层面要充分重视

领导要从发展大学生美育的角度，重视学生的全面发展，对学校的发展进行整体规划，提高校园文化的导向性，避免各种校园文化活动的盲目性，促进校园文化建设的整体推进。

2. 教师层面要不断提高美育课程的教学质量

教师通过丰富多彩的课堂教学活动，为学生创造感受美、欣赏美的环境和机会，让学生了解人类艺术发展的历史和优秀的艺术作品，掌握艺术基础知识和基本技能，具备艺术审美的基本能力；并在此基础上，以艺术教育特有的方式，开发学生潜能，展示学生的个性，培养学生的创造精神和实践能力。

3. 管理、服务层面上着力塑造"美"的环境

高校采取有效措施，提高管理、服务工作人员的美学修养，鼓励工作人员以优雅的环境、优美的语言、优秀的管理和优质的服务面向学生群体，为学生营造"美"的环境，树立"美"的形象。学校管理人员要体现育人导向，把严格日常管理与引导大学生遵纪守法、养成良好习惯结合起来；后勤服务人员要努力做好后勤保障，使大学生在优质、贴心的服务中受到感染和教育。

4. 学生骨干层面上要加强学生的自我教育

学生骨干要加强营造良好的校园文化氛围。在教育实践活动中，教师要注重对学生骨干群体进行思想引导、理论指导和行为督导，充分肯定学生骨干的能力，发挥其表率作用，带动广大学生群体参与人文素质培养、美学鉴赏能力提高和人格完善的活动。

（二）搭建美育"全程引导"保障

"全程"即符合大学生人格发展规律的美学修养的培养和提高的全过程。大学生人格养成的长期性决定了其审美修养教育的全程性，决定了它必须贯穿从学生入学到毕业的全过程。同时，在学生整个的大学学习生活期间，美育具有阶段性的特点。不同的学生在能力、气质、性格、兴趣、动机和价值观等方面存在着差异，这就决定了教育的具体实施要依据不同教育课题的实际状况和客观需求，根据不同年级、不同性别的学生在思想观念、心智成熟程度以及其面临的现实问题等有的放矢地进行教育。

（三）构建美育"全方位促进"保障

"全方位"即全方位构建开展大学生美育与人格素质教育的软环境和硬环境。寓美育于智育之中，首先通过通识课、选修课以及讲座、报告等课程体系，指导学生如何鉴赏美、辨析美，使学生掌握美学的基本理论知识和基本技能；其次通过各类学生活动，在实践中引导学生、鼓励学生，为学生搭建创造美的平台；最后，关注校园的软环境和硬环境建设，着力加强校风、学风建设，使学校的历史传统、精神氛围、理想追求、人文气象等集中反映学校的优良传统和独特风格，使校园的各种建筑，教学科研、文化设施、生活设施以及校园里湖水、草地、花坛、道路等硬件工程合理布局、建构优雅、品位高尚，在学校构造全方位尚美、求美、制美的大环境。

1. 营造家庭环境

家庭环境对大学生的成长具有重要的作用，同时也对高校美育教育功能的发挥具有不可忽视的影响作用。不仅如此，家庭作为社会的基础单位，家庭美育在一定程度上反映了社会的发展指向。家庭美育不仅对大学生的健康成长有重要作用，而且对社会的文明进步也有重要的作用。因此，要发挥高校以美育人的功能需要营造良好的家庭环境作为支撑。

（1）改变家庭的教育观念

家庭教育要提高对审美教育重要性的认识。通过家校互联、宣讲普及等形式，家庭成员要清楚地认识到，当下我国社会发展和建设的目标由"物本"到"人本"发生了根本转变。21世纪需要的不仅是有专业知识和专业技能的人才，而且更需要具有健全人格和全面发展的有用之才，因此家庭的教育观念不仅要注重大学生科学文化知识的培养，更要注重对大学生人文素养的关怀。

（2）营造良好的家庭美育氛围

家庭美育是否开展，开展的情况如何，这在很大程度上取决于家庭成员受教育的程度、家庭成员的兴趣爱好以及家长对子女参加美育活动的关注和热情。在家庭中，父母要积极利用文学、艺术等载体培育家庭形成高雅的审美氛围，并促使孩子追求美好的情景和学习理想。同时，应以家庭为单位到野外欣赏自然风光、到文博馆学习知识、到歌舞剧院欣赏高雅艺术等，引导孩子热爱美、欣赏美、创造美。家庭教育通过以上家庭美育的方式或途径，能够为大学生营造格调高雅、积极向上的审美环境，扩大大学生的审美视野，从而培养大学生的审美能力和审美情趣。

2. 改善校园环境

大学生审美修养的提升、道德品质的塑造都离不开健康、和谐、向上的校园环境和校园文化氛围，具有特色的校园生活环境、校园精神和人文氛围是高校美育发挥其育人功能的重要载体。高校校园环境可以分为硬环境和软环境两个部分，其育人功能的发挥依赖于校园物质环境、文化活动及其营造的氛围对学生产生影响，通过硬环境和软环境两方面着手，形成显性教育和隐性教育的合力，从而潜移默化地内化大学生的道德、情感、行为。

（1）创建良好的校园环境

校园硬环境是高校美育发挥育人功能的最直接的方式。校园环境建设应从校园的基础建设、环境建设进行改善，既要从大处着眼，注重校园整体规划、楼宇建设；也要从小处着手，精心设计楼道墙体文化墙，甚至是一草一木，体现出高雅的情趣和艺术的韵味，从而激发起大学生的审美意识，使大学生在与校园环境的互动中获得生命美的体验，并在校园环境的熏陶中对大学生产生潜移默化、深远持久的影响。

（2）注重校园文化氛围的建设

校园软环境主要是指校园文化氛围的营造。校园文化是隐形思想政治教育的重要途径，潜移默化地影响着每一个学生。校园文化软环境的建设使大学生增强了对美的理解，并能够汲取正确的文化价值观念以及领悟人生意蕴的体验，在校园文化的熏陶中接受潜在的隐性教育。高校应充分挖掘学校的校史资源，以不同的形式载体传播校歌、校训、校史等文化，引导学生形成正确的价值观念和行为准则，形成对校园文化、社会文化的认同。此外，校园环境是一个相对开放的系统，是各种思想、观念、思潮汇聚碰撞的场所，其中不乏含有不良的观念或错误的思潮，因而在校园中在顺应文化多元化的同时，也要注意加强主流文化的建设，通过开展理论与实践相结合的方式，将文化认同、道德意志、价值导向熔铸于校园软文化中，帮助大学生树立具有中国特色社会主义文化的主导价值观、审美观，帮助他们形成正确的人生导向和坚定的政治观念。

3. 优化社会环境

当前，国内外环境错综复杂，因此，要发挥高校美育的思想政治教育功能，对大学生审美素养进行培育和提升，并引导大学生形成正确的审美准则，就应努力优化社会环境，从而减少外界因素对大学生审美观念和审美意识的影响。

首先，营造良好氛围，引导大学生将个人价值与社会价值相统一。随着市场经济的建设，大学生的思想观念、生活方式和行为准则均会受到一定程度上的影响。在市场经济环境的影响下，大学生难免会出现功利化的思想，这就需要社会和校园合力引导大学生使其对美好生活的追求与社会发展的进程相协调。一方面，社会要营造良好的氛围，同时积极加强对社会文化环境的治理，通过博物馆、展览馆、歌剧院等场所的公益活动强化社会美育的引导，营造出有利于大学生身心发展的环境；另一方面，要依靠政府和社会力量，加强校企的联系，联合组织到岗见习等相关机会，将社会美育融入大学生的职业生涯的规划中，使大学生形成敬业奉献、契约意识、工匠精神等品质，让高校美育主动融入国家和区域发展战略服务经济社会发展，引导大学生将个人价值与社会价值的相统一。同时，还要强化大学生在社会实践中体悟美的价值，通过参观红色基地、参加志愿服务，提升大学生对爱国、社会责任感等方面的认知，引导大学生养成服务社会的意识和提升服务社会的能力。

其次，讲好中国故事，加强大学生文化自觉自信。在文化交流日益频繁的当下，大学生受到各种文化和思潮的影响，出现了不同的价值观念。因此，社会美育更应该注重大学生的精神需求，以学生成长发展为目标，充分发挥中华美育精神，讲好中国故事，充分挖掘和提炼中国故事所蕴含的民族精神，从而实现对不良思想和错误思潮的超越。

最后，充分利用互联网媒介，加强在线美育平台的建设。随着时代的发展，以互联网为媒介的传播形式成为当代大学生交际的主要形式之一，而这种传播方式也为当代大学生通俗化、娱乐化、感官化的审美倾向创造了条件。因此，要发挥美育教育功能也需要通过网络媒介进行有效的引导转化和因势利导。高校应充分利用信息化的手段，加强美育网络资源的建设，充分调动社会各个组织的积极性，联合建设美育网络平台，通过喜闻乐见的形式感染大学生，通过慕课、公众号等多种方式和途径，大力开发和整合符合新时代大学生的美育课程或者优质数字教育资源；同时，也可以利用"五四青年节"、国庆节等时间节点，制作展现青年精神风貌、弘扬爱国主义精神的作品，不断提升大学生的文化素养、思想水平、道德品质和政治觉悟，通过互联网引导正能量，从而使大学生形成正确的观念和行为规范，实现个人的成长发展。

四、高校美育教育评估机制的创新

美育从学科发展的角度要具备相应的评估机制。美育学科的评价体系应具有个性化的特征，对整个学习过程进行跟踪评估。

（一）确立差异性的评价标准

在教学中，每个学生发展的速度与轨迹不同，发展的目标具有个体性，因此评价也应是个性化的。教育评价要依据学生的不同背景和特点正确地判断每个学生的不同特点和发展能力，促进每个学生的发展。高校要根据学生的实际特点，建立学生个体的评价档案，尊重学生的个性发展和差异存在，强调过程取向和主体取向的评价，凡是具有教育价值的结果都应当受到评价者的支持和肯定。主体性的评价靠每一个主体对自我行为的"反省意识和能力"。与此同时，高校还要按照"分层施教"的原则，制订后进生转化计划和优等生培养计划，确定学期目标，制订措施严谨落实，使每一个学生都能在原有的基础上得到发展。

（二）制订综合性的评价内容

高校美育教育评估应当在全方位、多角度地调查、思考和研究的基础上确定综合性的评价内容，以促进高校美育顺利实施。

美育的工作条件主要包含组织、经费、环境、基础设施等要素，这是高校美育工作是否顺利开展的必要保证。而在组织的层面上具体涵盖了组织管理机构、工作队伍和工作制度等内容。

美育工作过程评价主要包括日常教学、管理的审美化、艺术课堂教学、网络平台建设、学科美学渗透、校园文化环境建设及相关科研等要素。这是美育工作的活动轨迹，也是美育工作的主体。

美育工作效果的评价是对美育工作状况进行"诊断"的环节，是教育评价过程中的重中之重。其评价对象指向学生群体，评价的具体内容不仅仅包括考察学生的知识、技能，还包括学生的情感及价值观、心理结构等人格方面的变化和发展，细化为基础性内容和发展性内容两个方面：基础性内容是评价教育的基本依据，主要包括艺术知识理论水平、艺术审美能力等；发展性内容是评价学生学业成绩的主要依据，侧重于对个体创新能力、价值观水平等人格水平的评价，关注学生综合素质的提升。通过制订综合性的评价内容，可以实现教师和管理人员的教学、管理积极性的提高，以及学生的学习兴趣和审美意趣的激发，最终达到学生健全、审美化的人格的完善。

（三）形成多元化的评价方式

高校美育教育要建立多元化的评价方式，以便充分调动评价对象参与评价的积极性，促进学生的个性发展和潜能的挖掘。

1. 日常评价和阶段性评价相结合

教师要对学生日常艺术鉴赏和艺术表现等诸多方面的信息进行收集和记录，要在学习的整个过程中通过多种活动收集学生的学习进展情况，只有把日常评价和阶段性评价相互结合，才能更全面、更公正地对学生做出个性化的评价。

2. 学校评价和学生自我评价相结合

个性化评价要求教师更多地成为评价活动的组织者和协调者，评价的主体呈多元性。教师和学生都应参与到这一评价活动中来，使评价更全面，更有说服力和指导性。自我评价是指学生对自己的活动所做出的评价，促进学生参与评价过程，且花费时间较少，能培养学生的自主学习能力，使学生掌握有效的学习策略，增强学生的学习动机。学生在自我观察的过程中进行自我反思，从而对自己的学习策略加以调整和改进，相比较教师直接对其进行学习指导要印象深刻，能够更好地培养他们自主学习的习惯和能力。

五、高校美育教育队伍机制的创新

在学校教育中，教师为人师表，教师的形象对学生具有耳濡目染、潜移默化的影响。当作为审美对象存在时，教师也必然以其外在和内在的统一为审美的标准。因而，提升高校教师、管理人员队伍的美学修养，加强和创新这两支队伍机制的建设，对提高高校大学生美育工作的实效性具有重要作用。

（一）建立和加强美育教师队伍建设

在教育体系中，教师具有不可替代的重要作用。我国高校美育教育功能发挥不足的重要原因之一就是缺乏合理的美育师资队伍。高校美育教师是开设美育课程的重要力量，也是高校发挥育人功能的有力保障。因此，高校应将美育师资队伍建设作为工作的重点，从建设一支师德高尚、业务精湛、充满活力的高素质美育教师队伍入手。

第一，高校要配齐美育教师。这就要求高校应按照在校学生总人数合理安排普及性的美育教师数量，填补好高校美育教师的缺口。一方面，高校要引进和培养专业的审美教育相关方面的人才，建立合理的美育师资队伍；另一方面，当下我国十分注重公费师范生的培养，应大力通过艺术类、文学类等公费师范生的培养形成良好的示范，从而带动美育师资队伍的建设。

第二，高校要充分认识到美育对学生个人成长以及社会发展乃至国家建设的重要性，对高校美育的建设给予强有力的支撑。一方面，要加强学校各部门之间的联系与配合，成立美育建设中心或者美育建设基地，承担起美育教学与研究的职责，也要依托该机构指导大学生进行美育实践活动，使美育建设有组织保障；另一方面，要健全美育教师激励机制，加大美育建设经费的投入力度，搭建院系、校际合作交流平台，促进各高校之间、美育教师之间资源的互动交流和经验共享；同时，也要遵循美育的规律和特点，鼓励高校构建契合美育特点的教师职称评定考核方案，为高校美育教师的职称晋升、职业发展和教研成果评定提供合理的支撑。

（二）提高美育教师的教学能力和质量

对于高校美育教育队伍机制的创新，高校不仅要建立健全美育教师队伍，而且还应将提高美育教师的思想政治素质和职业道德水平摆在首要位置，注重美育教师的教学能力和质量的提升。通过组织美育培训研修，促进美育教师专业发展，做好持续推进美育教师的职后培训工作。

1. 教师教学能力的深化

教师是高校教育中加强美育教育的组织者、实施者，也是美育教育及其实践活动开展的基本因素和主导力量。美育教师的知识储备量和专业素养，对外在美的意识、习惯及对内在美的注重，都会不知不觉地对大学生的行为举止、内外之美的塑造产生深远影响。也就是说，教师素养和教学能力的高低，不仅关系到大学生的审美价值取向和思想道德素养的整体水平，还影响着对载体、环体等的运用，从而会对教育效果产生影响。可见，提升美育教育教师的审美素养是美育教育教学活动有效开展的重要环节，同时也是增强美育教育教学活动亲和力、感召力的关键因素。为此，教师可从以下几方面进行自我改善和提升：

以内化修身的方式不断提升内在修养。在此教育教学活动中，教师要具有情感上、思想道德上和科学文化上的审美观念、审美需求和审美底蕴，由此才能将审美需求诉诸自身的自觉性，并以此自觉力带动大学生综合素养的提升。教师高尚的品格、高雅的气质、良好的习惯及其健康向上的爱好等，都会引来大学生的钦佩。这些人格魅力和高尚品质在对大学生进行耳濡目染后，就会内化为他们的修养。

要注重以外化修为的方式不断促进审美实践。在高校美育教育的过程中，教师要始终坚持"知行合一"的实践辩证原则，也就是说，教师要以美的实践方式从事教育教学活动，并注重授课的语言仪表之美以及教学内容和形式之美。例如，在课堂教学中，教师衣着、妆容大方得体，授课语言风趣诙谐或儒雅富有哲理，严谨的教学内容中含有蕴美的图片、影音视频等，都能使得教学课堂变得更加生动，教学内容也更易被大学生接受。因此，教师要注重内外兼修，以此推动大学生内在之美与外在形式美的协同发展。

2. 高校美育教师要具备才能美

美育融合了艺术、心理、教育等多学科的知识，是心灵教育和人文教育，因此高校美育教师要不断汲取养分，努力使自己博学多识。一方面，教师要学习美学、美育等基本审美理论，拥有多学科的知识积累，从而提升审美修养，指导审美实践，在美育的过程中运用已有的审美知识储备和审美能力，努力提高美育教育工作的实效；另一方面，教师要在自然美、社会美、艺术美的欣赏、体验、感悟、创造中培养能力，形成审美理论学习和审美实践的双向发展，在学习和实践中补充知识、培养能力，形成正确的审美观念，确立客观的审美标准，加深对美育教育功能的认识。

3. 高校美育教师要具有方法美

一方面，高校美育教师要推陈出新，因人而"育"，教育方式要具有时代性，时常了解大学生的思想动态，紧跟大学生的审美需求，采取符合学生成长规律的方式方法开展美育教学活动，激发大学生的情感共鸣；另一方面，在教学过程中，高校教师要创建和谐的教学氛围，要充分尊重学生的主体性地位，让学生在受教过程中得到认可，从而激发大学生在课堂和实践过程中的主观能动性，通过生动和谐的教学和实践氛围促进大学生思维的活跃。

4. 高校美育教师应具备人格美

高校美育教师要做到以身作则、言传身教、身体力行，成为"以美传美"的美育传播教育工作者。教师的人格美的感染力和影响力要好过于灌输和说教的形式影响，因此，高校美育教师要通过自己的知识素养、言谈举止、道德品质等审美修为，时刻引导大学生朝着专业精、品质高、情感真的时代新人发展。

第七章 高校美育教育方向与路径创新

虽然我国高校美育的开展存在着不平衡，但其在不断地完善和发展，其未来的前景是美好的。我们需要坚定信念，寻求美育教育的创新路径，让美育扎根在每个角落，让每位大学生都重视美育的发展，重视个人审美、创造力等方面素质的提高。本章分为高校美育教育创新的方向分析、高校美育教育创新的路径探讨两部分，主要包括高校美育教育的创新发展方向、优化高校美育课程建设和深化学科美育教学渗透的创新策略等内容。

第一节 高校美育教育创新的方向分析

一、美育理论的系统化

在我国美育已被视作素质教育的重要组成部分，这是美育发展的重要前提和良好开端。同时，我们也要清楚地看到，美育还没有像德育、智育、体育那样形成完整的知识体系的理论形态。在没有完整理论形态下，美育无法进行严格意义上的教学，也无法建立一个良好的反馈体系，导致美育的教育成果不能量化，没有实践效果的支撑，这与高校教育是不相适应的。因此，当前的首要任务是加大美育基础理论的研究，在汲取中外美育精华的同时，建立一个具有中国特色的高校美育理论体系，建立适应我国高校教育模式的美育系统，实现美育的目标。这是美育发展的大趋势，也是时代对美育的新要求。

二、美育手段的现代化

随着科学技术突飞猛进地发展，美育手段的现代化也逐步被提上日程。如何让美育手段现代化是我们应解决的问题。在美育实施的手段上，我国要加大资金的投入，将零散的资金聚集起来用在发展美育的关键部位。就目前来看，我们需要建立现代化的美育理念，营造良好的美育氛围，注重与美育相关的硬件建设，利用现代化的信息网络来拓宽大学生的视野，加大、加深他们的文化底蕴，增强他们与美育之间的互动和交流，将美育落到实处，让美育的内容更加丰富、更具现代化，让美育具有很强的实践性，使受教育者在多种多样的教育中潜移默化地接受美育，感受美、体验美，让美的痕迹落在每个人的心里。

三、美育内容的多样化

由于美育的发展遵循个性化要求，因此，美育内容也必然多样化。随着我国高等教育的发展，教育为教育者提供了更多的服务和个体表现的机会。大学学分制的广泛推广，让学生们可以自主选择学习内容的时间和空间。学生可以根据需要加大自己对各种知识的摄取，为了美育可以在高校中得到更广泛的重视，必须建立一个多样化的教育体系和内容体系，让美育不再是学习艺术、美学知识的教育，而是各种专业教育的分支，把美育融于各种专业教育中，丰富美育的内容。可以想象，随着社会的全面发展，人们对美的需求会更高、更全面，审美标准也会多种多样。

四、美育地位的立法化

人们对美育重视程度的提高，使得美育在高校教育中的地位不断增强。目前，我国高校美育工作的开展还处于初级阶段，对于很多工作做得还不够。还有个别高校没有把美育作为一个独立的课程，没有设置专门的教材，没有稳定的师资队伍做后盾，也没有固定的美育投入。这些高校虽然可以开展一些与美育相关的课程，如美学原理、音乐鉴赏、绘画艺术等，但是还没有真正形成美育教学体系，还不是完整的美育。在这些状况不改变的情况下，美育就只是其他智育的补充。美育地位的提升是客观需求，也是社会发展的需要。为了适应这种需要，以法律法规的形式做出必要的规定是一个趋势，也是美育发展快、发展好的重要保障。

第二节　高校美育教育创新的路径探讨

在新时代背景下，我国的经济实力稳步提升，祖国的各项事业都取得了长足的进步。但与此同时，高校美育也面临着许多新的挑战。为促进高校美育的发展，提高美育效果。我们要以新时代美育思想为指导，从多方面入手解决问题。

一、加强对美育的重视

（一）高校进一步加强美育工作

实施美育必须要有行政保障，行政保障无法脱离高校领导对美育的支持。作为高校的最高决策者，校领导的每一项决策都决定着高校未来发展的方向，所以，高校领导必须在思想上对美育产生重视，如此才能对学校的教师、学生和家长产生正向引导。高校领导重视程度高，美育政策才能更精准地落实到各项教学和活动中，高校才会持续针对美育资金加大投入力度，保障美育工作顺利实施；只有高校领导重视程度高，才会针对美育的实施探索新的有益路径，以保证学生审美素质的发展。

学校最高管理者除了要加强对美育政策文件的研究外，还要通过美育学术交流活动参与更多的美育学术报告，深刻理解美育功能的重要意义，成为推动学校美育发展的最大助力。

（二）教师努力提高学生的审美素养

"以美育人"可以促进教师和学生共同成长。教师要转变以往美育只是艺术课程、美育不考试所以不重要等片面单一的观念，不断提升自己的审美素养，开拓"以美育人"的途径，深刻了解教育中少不了美育。美育是发展和谐人格的重要条件，是强有力的教育手段。

大学生正处于身心发展的关键时期，教师的教育理念、教学风格、行为方式在无形中都会对学生的情感产生影响。很多学生缺少对审美教育概念的认知，对美的认识和美的情感往往只停留在视觉上。同时，在以升学为主导的评价机制影响下，学生对审美教育的认知相对匮乏。因此，在学生进校之后，教师除了要传授学生系统的知识和技能外，还要让学生真正理解何为美育、如何审美、追求何样之美。美育教师是立德树人的重要实施者，要充分发挥"以美育人"的优势，提高学生的审美素质，帮助学生塑造科学的人生观，使学生形成健康、完善的人格。因此，对于成长关键期的大学生来说，教师要抛弃以往的美育观念，树立正确的审美观念和崇高的审美信念，引导学生充分感受生活的美好。

二、加强美育顶层设计

（一）落实美育政策

高校应当在全面贯彻党的教育方针，坚持"立德树人"根本任务的前提下，把学校美育根植于中华优秀传统文化的深厚土壤中，汲取人类的优秀文明成果，引领学生树立正确的审美观念，激发学生的想象力和创造力。

高校在推进美育政策落实的过程中，应当遵循以下原则：一是保证美育面向全体学生，坚持以美育人、以文化人，在统筹推进高校美育发展的基础上，着重解决各个院系美育实践中存在的突出问题，缩小高校院系差距和校际差距，争取让每个学生都能拥有审美的直接经验；二是因地制宜实施美育，高校相关部门以问题为导向，结合自身发展定位，整合各类美育资源，因校制宜，发挥学校特色，创建美育品牌；三是明确把握美育目标。在任何教育活动中，教育目标都是教育活动的出发点和最终归宿，每一种教学思想总能产生出对应的、潜在的教育目标。

（二）强化美育认知

科学、合理地认识和理解当前高校美育的目标指向是有效实施美育的前提。

1. 要正确区分美育与艺术教育

在相关文献论述中我们已经明确美育涉及的内容和范围更广，属于一种将艺术教育、人文教育、审美教育等集合在一起的教育，艺术教育是高校实施美育的重要依托。

2. 要注重区别美育和美学知识教育

美育需要以美学理论知识为基础，但需要注意的是，美育借助美学知识对大学生进行行为和情感的主体审美引导，以美学知识激发大学生对美的热爱和追求，以期达到大学生心灵美化和人格完善的目的，进而实现对美的创造。美学知识只是促进美育发挥育人功能的敲门砖，对于大多数高校而言，美学知识教育并不是高校最主要的教育范围。借助美学知识使学生入门进而拓展到美育实践，提升学生的审美体验，培养学生的创新意识，使学生形成正确的价值观才是高校最重要的美育教育目标。

3. 要正确区分美育与道德教育

在传统教育理念中，道德教育包含情感和能力两部分。美育只是道德教育的具体内容之一，这与当前我们提倡的美育本质完全不同。当前学校美育的关注点主要是学生的审美素养和创造能力。两者相比较而言，道德教育更具功利性。高校应该突破传统观念，正确认识两者之间的区别和联系，从而真正发挥好美育的育人作用。

（三）统筹美育管理

美育是一项复杂的教育活动，高校的领导者和教育者必须充分认识审美教育的重要性，坚持学校党委统一领导，美育研究部门牵头，各有关部门密切配合，辅之有力的舆论宣传，在全校范围内形成浓郁的美育教育氛围。

通过对部分高校美育实践现状的整理与分析，可以看出当前大多数高校美育存在问题的重要原因之一就是缺乏有效的管理。

1. 设立统筹学校美育实施的领导部门

设立一个专门的美育研究和管理部门是学校有效实施美育的前提，专门的研究可以使得美育更加贴合学校发展实际，更加具有针对性。高校更需要注重对学生的感性进行培养，把对于学校发展的诉求和学生发展阶段与需求两方面的研究相互结合，使学校资源与学生发展双方的利益最大化。

2. 强化对美育教师的统一管理

通过相关调查，我们可以了解到在一些高校中美育师资队伍相对匮乏，如果不能将其进行统一的管理，则教育背景不同的教师对于美育的教育理念也会存在差异，作用到学生身上，其育人效果也会存在一定的偏差，将美育教师统一进行管理，还有一层意思是学校相关部门要注重对美育教师的培训与发展，要根据其队伍内在问题，提出合理的解决方法，可以选择集中培训，也可以选择实践锻炼，通过提升美育师资队伍整体的水平与素质来推进学校的美育实践。

3. 重视对美育方案的补充与完善

在学校美育方案的设计过程中，对阶段性的方案应当不断进行调整与完善。美育实践方案大都沿袭高校以往有经验的实践形式，但是对于学生的需求和实践方案的利弊并没有做过多的研究，因此，学生整体的参与度下降。对于初次接触的学生而言，效果比较明显，学生的年级越高，美育对他们的吸引力就会越弱，很多学生甚至不愿花时间参与其中。因此，高校应将每次的美育实践方案进行收集和分析，并适当征集学生对于这些实践活动的看法，在综合分析后，大胆地剔除部分不合乎发展需求的内容，结合当代社会的发展，增加契合社会热点的新活动，在保证对学生充满吸引力的基础上不断充实和完善美育实践。

三、优化高校美育课程建设

高校应结合实证调研结果、课程理论，针对高等教育特点，以高校美育课程现存的问题为导向，改进美育教学手段，创建美育课程评价模式，以优化美育课程建设。

（一）建立健全美育课程组织架构

高校应建立新的具有关联性的高校美育课程组织架构，能够明确高校美育课程以不同科目为实施途径的基本范畴，丰富美育课程的呈现形式，促进美育课程的多维发展，增加学生与课程的互适性。

1. 完善高校美育课程设置

高校在人才培养过程中，在人才培养机制层面更加注重知识的传授和能力的提升，知识和技能课程的设置在课程体系中占据绝对的优势地位，导致诸如美育这类具有通识教育性质的课程被忽视。高校要培养高质量的人才，仅靠知识和技能的培养是远远不够的。因此，高校要明确美育课程设置的范畴，通过整合美育显性课程、开发隐性美育课程、创建特色美育课程、完善课程设置，建立完善的高校美育课程组织架构，在课程组织层面为学生获得全面发展提供保障。

（1）统整美育显性课程

课程依据类别划分可分为显性课程和隐性课程。显性课程根据课程内容的固有属性又可分为学科课程（专业课程、公共通识课程）和活动课程。当前高校美育以显性课程为主要渠道，集中体现在艺术课程上。大多数高校美育课程呈现形式单一，无法满足学生综合能力发展的要求。课程整合是课程领域的经典话题，目的在于增强学生与课程的互适性，让学生从整体连贯、系统的课程中获得有效的学习经验，从而更好地从发展中的人发展为完整的个体。美具有特殊性，美育没有固定的形式，可存在于各个领域的课程之中。蔡元培先生曾指出，学校的所有课程都与美育密切相关。因此，高校美育课程在显性课程中的表征形式不应只局限于艺术课程，还应将专业课程、公共基础课程、活动课程等纳入美育课程范畴，通过整合美育显性课程，把握课程内在逻辑和美育的本质特征，将不同的课程类型与审美教育有机联系。

第一，融入学科课程。以知识为纽带，对学科课程相关内容进行梳理、适度调整、提炼、深度挖掘和再创造，深入挖掘其中的审美元素，建构多层次、立体化的高校美育课程框架，充分发挥大美育课程全方位育人的作用。学科课程包含专业课程、公共通识课程。专业课程是高校以专业性知识或专业技能为载体的课程类别，渗透着丰富的审美元素。公共基础课程是以综合性知识为载体的课程类别，包括必修课程《大学生心理健康》《体育与健康》《思想道德修养与法律基础》《职业发展与就业指导》《职业素养》等，选修课程《音乐鉴赏》《影视赏析》《古诗词鉴赏》等。

第二，规范活动课程。活动课程是以实践活动形式为载体的课程类别，是课堂教学的延伸，活动过程能够使学生体验美、创造美。规范美育活动课程。是高校美育课程有效实施的关键，亦是促进各类课程活动沟通衔接，提高大学生对熟练操作技能的掌握的重要手段。人对美的追求是人的一种理性的自觉追求，需要通过审美实践来建立。审美实践需依托美育活动课程。美育活动课程既包括艺术实践活动、专业审美实践活动，还包括顶岗实习、生产实训等。由于美育课程既有理论性，又具有实践性；既有课堂教学，又有较多的实训练习，忽视或放任任意方面都可能导致收效甚微。

美育活动课程要取得实效，就必须建设规范化的美育实践活动方案和活动组织流程，深化美育实践活动的常态化和规范化实施，以创业就业训练为根本，以行业规定的职业能力标准为依据，融合美育基本理论、审美实践、综合训练、能力锻炼为一体，持续改进美育实训活动、社团活动等方面在内容、形式、结构上的标准化建设，制订严格的活动课程评价指标，保障美育活动课程的顺利施行和稳固发展，以此提升美育活动课程的效果和影响。此外，美育活动课程不能仅限于学校教育之中，应不断实现课内与课外相融合，加强学校与企业之间的联系，共同建设美育实训活动基地，联合制订育人机制，让学生在美育实训中切身体验、传承技术技能，提高学生的岗位适应能力，使学生感受劳动实践的美，培养学生爱岗敬业的精神，为实现高质量就业做足准备。

（2）开发隐性美育课程

隐性美育课程是最普遍的美育载体。高校开发隐性美育课程能够让学生在潜移默化中获得美的熏陶，培养审美能力，也能够弥补显性美育课程在高等教育渗透中的不足。具体来说，隐性课程是指学生在审美素养养成过程中的环境、氛围因素，蕴于物质文化环境之中，通过自然景观、人文景观、建筑、活动场所、教学设备等向学生传递美的感受。隐性美育课程和显性美育课程共同构成高校美育课程的有机整体。部分高校美育实施以显性课程为载体，美育课程的隐性功能被忽视，没有关注物质文化环境中隐藏的美育元素对学生潜移默化的作用。

隐性美育遍布在各个角落。高校开发隐性美育课程，要发挥家庭、学校、社区、企业四位一体、协同育人的作用，使多元美达成以美感人、以景育人的效果；要以家庭美为基础，家庭是美育的起点，对人的影响是深远持久的。良好的成长环境和家庭教育、家长的知识水平和能力结构对学生具有至关重要的影响作用。所以，家长应该为学生提供一个美的家庭环境和氛围；在此基础上辅以社区美，通过提倡文明的行为、做好环保宣传、举办公益活动、开展志愿服务、参加公益劳动等培养学生审美体验。

高校要注重校园美，通过健全校园基础设施，建设美的校舍观景、景观环境、人文景观、秩序环境，坚持严管厚爱相统一，营造具有美感的校园环境氛围。高校要加强学校美与企业美的有机结合，需要谋篇布局，彰显隐性美育课程建设中素养教育的特点，自觉接受企业精神、价值取向、企业文化的辐射，以时代发展内涵和要求引领校园文化建设。

校企联合共同营造生产、建设、管理、服务与第一线相一致，接近于企业生产和服务全过程、贴近实际生产工作的模拟实验室和有利的就业环境，建构校企协作交流的平台，张贴与专业相对应的企业的经营理念、安全生产要求、管理规章制度等相关标语，使学生切身体会职业氛围，形成企业归属感，感受相关技能的特殊性，形成爱岗敬业的意识，提高学生的职业适应性，培养职业操守和团队合作精神，发挥审美创造力，使学生的综合素质符合专业、岗位要求，从而达成隐性美育的素质教育。

美育要将家庭美、社会美、校园美、企业美化融为一体，通过隐性传达发挥物质文化对美的载体作用、精神文化对美的引领作用、行为文化对美的传承作用以及制度文化对美的保障作用，营造浸润式的美育隐性课程，润物细无声地展现高校美育隐性课程的育人功能。

（3）创建特色美育课程

高校在完成教学目标和教学计划的前提下，可以适当开发美育校本课程。美育特色课程的开发应以学校现状为出发点，符合学生的需求，体现学校的办学宗旨和独树一帜的办学特色。高校可以借助当地的地理环境、历史传统和自然风光，充分与当地的组织机构、社团保持联系，针对该地的民俗传统与学校理念进行融合，再结合学生的年龄特点、身心发展的规律和学校的特色，充分挖掘教师各方面的专长潜能，从而汇编具有学校发展理念的美育校本课程。例如，一位美术教师把传统艺术"扎染"和"版画"加以简化后将其应用到教学中去，不仅可以通过新颖的教学内容收获学生的学习热情，也能使学生感受到通过自己的双手完成艺术作品的成就感。又如，一位音乐教师的专业是长笛，高校就可根据该教师的专业特长，把长笛开发成校本课程。与此同时，高校要为学生提供展示校本学习成果的机会，使学生增强自信，将自己的优势最大化，更好地促进学生个性化发展，培养学生的审美情操。

2.建立高校美育课程组织体系

在教学实践中，高校应通过统整显性课程，建设隐性课程，坚持将美育贯穿学校课程体系全过程，在明确高校美育课程设置的基本范畴的基础之上，建立高校美育课程的组织架构。基于相关文献研究，可以对美育做出详细的界定，即将美育这一概念的内涵界定为以美学、艺术学、教育学、心理学和社会学等多种学科为理论基础，以艺术教育和审美实践为主要途径，通过调动人的审美直觉、审美情感和审美趣味，以实现对美的感知力、想象力、体验力和创造力等综合潜能的开发，最终促进人德智体美的全面发展。因此，美育的方式是多元化的，高校美育课程设置应将具有审美元素的课程纳入高校美育课程的范畴。

（二）改进美育课程教学手段

美育课程实施是美育得以落实的关键环节。教学是课程实施的主要途径，处于课程实施的核心地位。因此，课程实施是将课程规划和课程内容落实到实践中去的过程，教学是课程得以实施的主要途径。

当前大多数高校在美育课程实施中仍以学科特点鲜明的课堂教学的方式进行，缺少实践环节，未能关注学生专业技能、综合素养的培养。教学环境和条件不符合时代发展对高等人才的要求，课程实施无法体现高等教育的综合性和实践性特点，在实施过程中存在重"教"轻"学"的问题，大学生学习的主动性、自主性和实践性得不到保障，导致课程实施脱离了高校实践型人才培养的宗旨，无法真正实现高素质应用型人才培养的目标。

为推进高校课程改革的加速发展，解决好"教"与"学"的基本问题是核心，因此，建立美育教学共同体，平衡教与学的关系，将美育教学与生产过程对接，注重学生的个性化教育，既能保障高校美育课程在教与学上的和谐共生，又能体现高校课程的综合性和实践性。

1. 建立美育教学共同体

教学活动是教与学的双边活动，既是以认知规律为线索展开的特殊认识过程，也是一个情感参与的过程。美育不同于其他形式的教育，传统的教学方法在美育课程实施过程中存在一定的局限性，加之一定的场域能够对学生产生隐性且深刻的影响。因此，在美育教学过程中，教师应通过各种方式方法和途径创设浓厚的情感氛围，注意引导和调节，与学生共存于美的价值共生体之中，将学生的认知需求上升为情感需求，引发学生的审美情感共鸣，激发学生学习兴趣，进而促进学生对相关知识原理的理解，使教师、学生、美育教材三要素协调、交融，形成实质意义上的真美善共生关系，如此才能使学校的美育教学产生深层次育人效果。美育教学在综合运用混合式教学法的基础上，还有重视情感教学法在课程实施中的运用，注重师生之间、生生之间的情感交流，使学生在一种温暖、和谐的情感氛围中重新树立自信心，更好地接受知识，全面发展，真正达到课程目标，树立正确的观念。

第一，建立融洽、和谐的师生关系是顺利开展教学活动的前提条件。成功的教学依赖于真诚、尊重、信任的师生关系，可以使学生获得心理上的安全感，鼓舞其精神，从而使其产生愉悦的情绪和情感体验。教师应以真诚的情感对待全体学生，尊重学生的人格，做学生的良师益友，把学生视为自由、平等、独立、完整且具有发展潜力的人。高校在设计教学任务和活动的安排时，要从学生的实际出发，依据学生的能力提出不同的学习要求。教师只有以真情打动学生，才能引起学生情感上的共鸣。和谐的师生关系能让学生在轻松、愉悦的氛围中积极探索，从而达到情知交融、创造智慧，提升美育教学效果。

第二，和谐温馨的课堂气氛是有效教学的基础，营造轻松、愉快的课堂情感氛围亦是重中之重。师生之间良好的情感、言语、眼神互动支撑起了良好的课堂氛围。教师要通过情感氛围的营造引导学生积极、主动的思考，动手实践操作，多渠道获取知识，加深学习情感。

第三，强调知识、技能、实训三者的结合是教学改革的关键。高校的培养方案应保障学生自主学习、思考探索的时间，提倡探究式学习，鼓励实际操作，将知识运用到生产实践当中。在教学过程中，教师要强化审美技能练习，加深学生对所学专业的了解；学生通过不断的训练和实践巩固知识，提高学习效率和质量。教师在培养学生的过程中，除了教授基本知识以外，还应顺应时代的发展变化，向学生传授相应的前瞻性知识，正确指导学生对所学知识加以运用，从而提高学生的专业技能水平。

第四，采用直观的教学方式是教学实施的重要手段。直观性教学能够增强学生对知识的感知和感性认识，激发学生学习的主动性。在教学过程中，教师可以利用现代化的教学工具、模型等让学生较为直观地看到所学的知识内容，将晦涩难懂的理论知识通过生动形象的方式呈现出来。例如，教师可以带领学生亲临实习工厂进行现场教学，让学生亲身实践、具体感知，以系统掌握专业知识。

2. 教学过程与生产过程相结合

美育教学重知识传授、轻能力培养，教学内容理论与实践脱离，"以教学为主"的传统教学模式仍在延续，实践教学过程普遍不能够按相应企业的规范和职业标准进行。在产教融合、校企合作推广的教育大背景下，美育教学过程与生产过程有效对接，是当下高校迫切需要解决的问题。

（1）进行合理的教学设计

教学设计是教学的核心，是实现理论与实践一体化的关键。高校美育课程应严格按照课程标准对课程设计进行规范，教学次序从理论知识到实践锻炼转变为实践锻炼与理论知识的学习相融合。通过调查企业、对相关岗位群的工作流程进行分析，并且对不同专业所对应的岗位需要职责和工作任务进行分解，可以得出具体的工作任务和所需的职业能力。

大多数大学生在学习时更乐于动手操作。在进行教学设计与编排时，高校应从学生的学情出发，细心观察，深入钻研，找到学生的兴趣所在，顺势而发，提高学生学习的热情和主动性。同时，高校应针对企业进行全面的调研，深入了解与专业对应的企业对所需人才岗位能力的要求，邀请企业人员共同交流，参与制订人才培养方案，制订出科学合理、具有鲜明职业特点、满足高质量人才培养的教育教学方案。

（2）教学过程模拟企业的实际生产流程

高校的理论性教学结合企业应以任务驱动为导向，以企业生产过程为主线。实训教学场所和程序、步骤、标准尽量模拟企业实际的生产环境，技能点均以岗位能力发展为起点，培养高素质的技术人员。实践教学与理论教学在内容、形式、方法上存在较大的差异，实践教学更加注重"以学生为本"、理论"适度"的教学理念，注重对生产技术、工艺、流程的熟练掌握，在职业活动环境中接受岗位实践或模拟训练。学生在学习美育基本理论的同时，重点对职业加工工艺流程进行强化和训练。实践训练有利于提高学生的实践技能，使学生感知企业文化的熏陶，尽早适应企业环境。

（3）采用"双导师"模式，邀请企业人员参与教学指导

美育教学过程与生产过程能否有效对接，最主要的是看高校能否按企业需求组织教学。大多数高校教师虽然对实践教学有一定的经验，但缺乏相应的企业工作经历，对企业生产与操作流程和工艺了解较少。因此，高校可以从生产企业聘用具有多年经验的企业工程师作为指导教师，对学生的操作工艺进行现场指导。教师负责教授学科知识原理，与企业人员协作，相互补充，在教学过程和生产过程的对接中发挥着关键作用。此外，要实现教学过程与生产过程的有效结合，高校必须加强"双师型"教师队伍建设，加大师资培训力度，提升教师整体素质，

建立和培养兼具教学和实际应用能力的教师队伍，提升教师队伍的专业实践操作水平，使美育课程教学改革落到实处。

3. 注重学生的个性化教育

学生的身心发展存在个体差异性，因此，学生在审美的选择、态度、需求上都存在差异。在教学过程中，许多高校都注重学生同一化的培养，忽视了每个学生都有他们的优势和长处。高校应尊重学生的审美差异，针对学生不同的发展情况制订不同的培养方式，结合学生的身心发展规律以及他们的兴趣、爱好、生活、需要，对他们进行美的培养，增强他们的自信心，最终达到学生个体全方位的均衡、协调、自由的发展。

由于受到以分数为导向的教育观念影响，很多学校更注重培养学生的同一性。在教学中，教师应根据每个学生的不同，无论是在教学计划的制订、授课方式的选择、板书的设计、语言的表达、评价方式的选择还是在班级制度的制订、班级教室的设计、学生座位的排序等方面都应该关注到学生个体的差异性，应对学生的发展采用长善救失的教学方法。在教学评价上，教师应保证在规定范围内对作品的结果不做单一、统一的评价，这样可使学生在一定范围内根据自己的所想、所感、所爱带着自己对美的理解自由创作，确保每一位学生的想法和特长都可以通过作品进行表达，促进他们个性化的成长。艺术没有规范性和标准性，绘画有不同的风格，应该接纳学生以不同的方式呈现其心中所构建出来的物品。高校和教师重视学生个性化的培养无疑是对开发学生独特的内在美有着非常重要意义，使每一位学生都能获得独特的审美个性，保证完整性、同一性、独特性均衡发展。

（三）创建美育课程评价模式

建立科学有效的课程评价模式是课程得以顺利实施的有效保障，是提高教学质量的基础。高校美育课程评价以情感和价值观、心灵美的自然生成度为依据，最关键的评判标准是美在人内心的生成度和美育课程是否在以美的形式开展。目前，高校美育课程评价的主流仍以终结性考评为基础的评价，评价在现实中践行的多是以分数为表征的评价，评价主体单一，评价方法简单，评价缺乏可持续发展性，即使有诸多实践探索以期改变现状，但因受分数论的牵制而鲜能做到深度的对话、开放和反思，从而造成美育课程评价方式方法多元化的践行流于表面化和形式化。

为了使课程评价顺利进行并取得较好的成效，就应该在深入分析美育课程特点的基础之上，结合课程目标和教学的实际情况，从学生全面发展的现实需要出发，提出建构多元化评价主体、合理化评价标准、多样化评价方法、综合化评价方式的多维立体的评价机制，建立评价监督机制的合理化建议，使高校美育课程评价更加科学、规范。

1. 评价主体多元化

美育课程是集教育学、心理学、哲学等多学科性质于一体的交叉学科课程，课程具有复杂性、多样性的特点，且高等教育与社会发展息息相关，因此，传统、单一的考核方式无法适应高校美育课程的综合性的特点。高校美育课程要避免评价主体单一带来的局限性。评价主体不能只是课程的实施者，还应考虑学生自身、实习单位和用人单位等企业及社会的需求。目前，高校美育课程评价多元主体的观念逐步被落实，但学生自我评价、同伴互评以及企业、社会用人单位评价所占比例过低，评价中的权重缺少科学比例，评价参与方式缺乏技巧上的探索，评价指标不具体，评价目标不明确。这样的评价信息来源有限，难以从各个层面对学生学习近况进行评估，评价效果受到特定群体的影响而呈现出主观偏颇的问题，影响了通过多元主体综合客观评价目标的实现，学生的主观感受易被忽视，学习积极性受到挫伤且不利于未来就业。

总的来讲，高校美育课程评价应当"以人为本"，因此，明确评价主体是重要前提。"谁来评价"和"评价什么"是首先应当厘清的问题。从教育评估的直接主体入手，应该具备以下特征：一是能够对教学活动的结果承担责任；二是能够参与教学活动，推动教学目标完成；三是能够根据评价结果反映的问题采取措施及时改进；四是能够为办学创造一定的条件。综合上述内容，高校美育的直接评价主体应当由学生、教师和社会共同承担。

为建设集学生、教师和社会于一体的多方面评价机制，使美育课程教学得到全面的评价，高校美育课程应采取如下措施：

第一，引入多元化评价主体进行评价，如学生互评、社会机构、行业企业等共同参与评价。学生评价更能反映出学习的效果和感受，学生在参与的整个学习过程中能够加深彼此之间的了解，因此，自我评价和互相评价更加具备真实性和客观性，且能作为反馈为课程改进提供依据。与专业对接的企业人员熟知岗位生产、管理和技能要求，了解单位的用人需求，企业人员的评价更能反映出课程是否具有针对性和实用性，人才的培养是否有效，可以从可行性、合理性和企业需求度等方面给出意见，所以，在课程评价上加入企业工作人员的评价会更加具备科学性。

第二，科学调配不同主体在美育课程评价中的权重。多元主体评价的应用通常需要来自不同领域的评价者参与综合评价过程，这必然要面临评价决策是否公平、民主，评价结果是否具备权威性和认可度等问题。为了克服单个评价者知识经验、能力和信息等方面的不足，提高评价结果的可接受性，各类评价主体应进行有效沟通，以汇聚多方面信息，保证评价信息输入的科学性和多源协调性。

第三，不同评价主体在评价中既各司其职又相互补充，要注重不同评价主体的价值判断，强调以学生为中心开展美育课程评价。教师与学生互评侧重于美育课堂教学和课外教学活动，社会评价主要表现在学生在社会实践过程所展现的美的行为表现，企业则集中评价学生在顶岗实习、专业实习、校外实训中的审美表现力和创造力。多元化主体评价能够在保证评价结果得到学生广泛认同的同时，达到评价效能在评价主体方面的最大化目标。

2. 评价标准合理化

传统的美育评价标准更依赖普通学科的一般评价标准，评价过程更注重量化结果，这些都在一定程度上忽略了美育的学科特性，但并不能深入地把握美育对于大学生的持续性影响情况。高校美育属于精神教育层面，很难以艺术知识和技能去衡量。高校在拟定美育评价标准和实施评价时，应充分考虑学生的个体差异，注重过程评价，主要目的在于突破传统、单一的量化评价，将美育育人功能的发挥尽可能最大化。例如，在学生初入学校时，相关教师可以通过与学生的交流，双方共同制订一个阶段性的美育目标；同时，与长效性的过程评价相结合，把学生每一阶段的美育评价结果进行存档，使对大学生的审美教育有据可依。

美育教师在教学过程中针对学生的表现应当及时给予评价，评价重点应当围绕学生在美育过程中的成长和变化，将美育带给学生的潜移默化的影响及时与学生沟通，以语言的状态呈现给学生，并通过这一过程延伸到美育的结果评价。过程评价固然重要，但是结果评价亦不容忽视，关注大学生接受美育后审美素养和人格修养动态提升的过程性和成长性结果，如大学生在现实生活中对是非善恶的判断能力，以及学生的想象力和创造力等。大学生审美素养与人格修养动态提升的幅度才是衡量大学生审美素养和人格修养成长发展的主要标准。

3. 评价方法多样化

课程评价方法是课程评价的重要内容，有效的课程评价方法对提高课程质量具有关键作用。根据评价时间和目的不同，常用的评价方法主要有诊断性评价、过程性评价和终结性评价等，不同的评价方法针对的时段、问题和效果各有不同。诊断性评价是前提，有利于教师对学生的初始能力和基本情况进行大致的了解，以便确定教学内容的起点和进度，使教学设计和实施更符合学情，因材施教。形成性评价关注过程，有助于教师掌握学生在吸收和内化知识过程中的进步和潜力，及时记录学生在学习中的发展和变化，适时调整教学方案。终结性评价侧重最终发展结果，有助于对学生学业的评优或选拔。

在新的教育理念的引导下，在当前的实践中，美育课程评价扭转了过去单一的以终结性评价为重心的局面，逐渐过渡到学习过程与结果并重，监控式评价与终结式评价相融合的评价模式，实行"平时成绩＋期末成绩＝总评成绩"的考核方式，既关注学生的学业成绩，又重视学生"过程与方法""情感态度和价值观"等潜能的发展。此考核方式使过程性评价在评价中的地位有所提高，但缺乏诊断性评价的现象并没有明显改善。诊断性评价是指在课程与教学设计之初，对不属于具体设计事项，但可能影响课程实施效果的因素进行全面的分析，包括对学生的学习需要、教学内容的编制、学生的知识水平和学习风格等方面进行分析和评价。缺乏诊断性评价是指教师在教学过程中很难发现学生的不足和问题，无法依据学生的起始水平和学习风格或某些特长设计适合学生发展的个性化教学方案，从而使教学符合学生的需求，更无从达成美育课程目标所期望达成的结果。因此，高校美育课程评价不能因为某一种作用更为显著而忽视另一种评价方式，应重视综合各种评价方法，有计划、有针对性地组织实施并灵活运用，主动推进初始评价与过程评价、终结性评价相统一，实现可持续的动态评价。

4. 评价方式综合化

评价方式是评价方法得以进一步落实的必要手段和重要工具。当前高校美育课程主要采用笔试、课堂汇报、小论文、实践与操作等传统的评估工具，导致评估工具无法与美育课程的审美及综合素养培养的学科特点相契合，也无法充分体现学生在美育课程中发现美、体验美、创造美的主人翁地位。因此，美育课程评价应从学生视角出发，综合运用各种评价方式，让学生成为美育课程评价的主体，体验一品一物皆美育，促进学生的心灵与美的自然融合。

第一，通过引导学生讲述美、评价美，采用嵌入式叙事评价，借助叙事评价的解释功能、类比功能、行动功能，通过创设叙事空间，将美、审美、审美心理、审美价值四大元素嵌入其中，使之融合，从而建构多重性、多主体、多元化、全时空的高校美育课程评价模式。叙事评价实质上是一种质性评价，根本运作途径是采用多种嵌入方式，引导学生叙述美的事件、感受美的元素、欣赏美的格律、践行美的行为，将审美体验与学生的认知结构、心灵之美耦合在一起，通过朗诵、演讲、讲故事、角色扮演、主题班会、艺术品赏析、工艺品制作、产品设计等多种形式所产生的美嵌入学生的心理世界，引导学生对美的现象进行细腻、精妙的感知，并把对美的理解、体验表现出来，将实现美的深层次体验与美的可视化表征融合并渗透，满足学生的个体差异性需要。高校可以通过建立阶段性的叙事评价档案袋，使学生的成长变化有迹可循，为学生自我评估、他人评估提供丰富的材料，为构建全方位、立体化的评价奠定良好的基础。

第二，切实落实教、学、评一体化的美育评价模式。在教学一体化的教学模式下，评价不应游离于教和学之外，而应适切地贯穿教学的全过程，作为诊断和推动教学的有利工具发挥反馈和导向作用。教、学、评一体化模式能够保证在教学中教师的教和学生的学以及学习结果的评价与课程标准的一致性，突破美育课程评价的滞后性，达到全过程的伴随式评估。以往的评价往往将美育教学与美育评价过程置于不同的情境中或者不同的时空纬度下，难以实现两者之间的效力同步，造成了美育评价滞后，无法即时反馈审美教育过程的不足。在美育教学过程中，教师充分运用互联网、移动通信、云端叙事、虚拟感知、云存储等信息化时代的技术手段，在引导学生进行审美教育的同时，同步采集教学过程中的美育数据，既能通过学生的学习行为表现反映学习成效，全面了解学生，又能适时获得动态反馈。

第三，教师应将生命美育的评价理念贯穿高校美育课程评价的各个环节，关心学生的个体发展，关注学生的心路历程，丰富学生的审美体验，实现学校美育技术性评价、工具性评价到以生命美育为核心的跨越。建立师生间的情感共同体，能够彰显美育评价的价值取向，即公平与关爱的交互和融合。

5.评价反馈机制完备化

评价反馈作为高校美育课程评价体系的重要组成部分，通过对评价结果进行反馈，能够规范课程评价流程，提高评价成效，促进美育教学质量的发展。

第一，课程的"顶层设计"和"基层探索"是同一事物的两个层面，正确理顺两个层面的关系及其权限，有利于实现理论与实践的良好互动。"基层探索"是高校美育评价稳步发展的根本动力，为"顶层设计"提供具象化的实践参照。"顶层设计"和"基层探索"两者的运行核心机制在于良性互动，在互动中实现二者在方向和逻辑上的高度契合和一致。

第二，对评价信息进行归因是关键环节。正确、科学、系统地分析学业评价信息，有利于提升评估效果，确定未来的改进方向。高校应建立专业的评价系统，分类整理在美育评价过程中采集到的评价数据，确立美育课程的评价内容，构建指标体系和权重。课程评价各个主体应结合评价反馈的信息，做出归因分析，及时对评价方案做出改进和调整，增强美育课程评价方案的规范性。

第三，课程评价的正常、有序开展，需依赖课程评价的监督机制。监督美育课程评价实施有利于实现美育课程评价的合理化、规范化。一方面，高校应成立美育课程评价监督小组。该小组应实现主体的多元性，如课程设计者、师生、企业督导员、社会观察员等都是监督小组的主要成员。另一方面，构建评价者与被评价者之间的沟通纽带，通过对话减少高校美育课程评价的偏差，提高评价实施手段的恰当性，更加深刻揭示课程美育评价存在的问题，使课程美育评价更有效。

四、深化学科美育教学渗透

（一）构建跨学科美育课程群

学科渗透美育是学校美育实施的重要途径。在各科教学中，与美育联系最为紧密的学科是学校开设的艺术类学科，如音乐、美术、书法等。大学生在学校的大部分时间都是在课堂上度过的，课堂教学中流动着美，每一门课程都蕴含着丰富的美的元素，教师要有意识地根据学科特点、教学内容挖掘美的元素，达到教学互动的情境美、教学内容的知识美、教学方式方法美、教学评价的多元美，要让教师的教学活动、学生的学习活动都流动着美，将美的灵魂融入教育教学的全过程。

审美教育是培养完整、和谐的人的教育。高校需要加强学科课程沟通，通过构建学科课程群的方式实现整体美育的完成，例如，现在高校实行的综合实践活动课就需要不同课程之间的交叉融合，共同实现美育课程目标。学校课程教学围绕各学科课程方案，在学科教学三维目标中渗透美育，多形式、多渠道、多手段地拓展和开发学科美育资源和美育空间，形成学科美育合力，把美育落实到课程建设和教学设计之中，真正实现学校美育的全面实践，解决分科教学造成的学科对立和知识分散，树立高校美育教育理念，拓宽美育实施路径，数学所体现的结构美和对称美、英语所体现的语言艺术美和情感美、科学知识所体现的理性美等都蕴含着丰富的美育资源，需要学科教师进行充分挖掘、运用才能体现其价值。

（二）主题教学打破学科壁垒

主题教学是指为达到一定的教学目标，围绕某一主题而展开教学活动的教学方式。主题教学是促进学科融合、落实五育并举的美育教学实践，课堂教学是美育实施的主要方式。为了打破传统课堂教学以学科教材为中心的局限，"主题教学"的方式可以架起连接课内外资源的桥梁，充实学生的审美体验。为了加强学科之间的融合，教师要有意识地根据学科特点和教学内容挖掘美的元素，实现教学互动的情境美、教学内容的知识美、教学方式方法美、教学评价的多元美。

在课堂教学中，教师可以通过设定主题使学生将所学的知识融会贯通起来。在教学实践中，教师要立足文本，超越文本。在设定主题时，教师要将学生已有的知识经验充分调动起来，并在对主题的思考中不断产生新的知识经验，将静态的书本知识与动态的表现形式紧密结合。学生在活用知识的过程中感受学习的快乐，提升内心情感的丰腴，在美的内容和形式上达到内在统一。

不同学科相互联系，内在的有机统一是主题教学得以实施的根本，例如，语言文字的力量美与音乐的韵律美、数与数之间的和谐美可以与书法的遒劲融合；学科中语文与美术、语文中的散文诗歌等可以与音乐相结合，通过一个学科核心主题，以舞台剧、音乐剧的形式呈现出来，这其中有语文、音乐、美术、英语学科的融合。情景化的过程能够充分调动学生的主动性和创造性，加深学生的审美体验，使学生体会到知识和学习的趣味性和实用性，实现精神层面的愉悦和审美的情感升华，实现学生整体人格的发展。

（三）线上与线下美育全面联动

在美育的实施过程中，因为有了互联网、大数据的辅助，所以能够更好地完成审美教育。目前，线上与线下教育相结合是改革教育模式的主趋势。线下美育是学校美育实施的主要方式，能够使学生与教师面对面交流，学生课堂参与度高，师生之间、生生之间的互动交流感也会更真实。但对于一些资源相对不足的高校来说，线下美育的实施会受到很多资源限制。

高素质的专业美育教师、更加愉悦放松的交流模式、栩栩如生的艺术展演等都是线上美育教学的优势。线上美育可以通过建立班级微信群或者是钉钉课堂进行，学科教师可以先在群里发布要学习的内容或是学习的主题，让学生提前去预习，如可以提前在互联网上的美术课堂发布任务，学生在线上完成，教师即时评价和反馈。线上与线下美育教学相结合，各自取长补短，共同推动了学校高质量美育体系常态化建设，需要国家、社会、学校、家庭各方力量的支持和合作，形成美育育人合力。

五、多维度开发美育资源

（一）加强学校美育环境建设

良好的校园环境有益于学生的学习和成长，带给学生一种文化享受和积极向上的情绪。针对当前部分高校在美育环境建设方面存在的问题，可以从物质环境、精神环境、人际环境三个方面提出具体有效的措施。

1.加大美育物质环境建设

物质环境主要是指校园建筑、教学设施等客观条件，对学生的日常生活、审美的选择都存在潜移默化的影响。

校园的人文风貌、物质建设能够带给学生以最直观的感受，形成视觉美，也是一个学校教育理念的外部反映，如长廊、体育场、图书馆、校园绿化、美育教室等，都蕴藏着学校历史的文化风采，表达着学校对美的选择和追求。校园环境建设是一种美育资源，高校要不断更新校园文化建设，摆脱过去一成不变的校容面貌，将更具活力、更新颖、更新鲜、更具审美的元素注入其中，打造更美、更有特色的校园，增强学生对美的需求。

在外部环境方面，教学建筑、长廊庭院、校园绿化的布局要整体大方，切忌过于散落，注意带给人活力又不失朴素的感觉；在内部环境方面，教学楼的走道、走廊和教室布局要整洁干净，教学设备的摆放不宜杂乱，在教室内依据学生的兴趣和需要创设区角，如植物角、图书角、卫生角等，为学生提供一个多元多彩的精神世界。同时，学校还要完善音乐、美术、手工、陶艺等艺术课程的物质建设，如提供充足的专用教室，提供充足的教具和艺术摆件，让学生沉浸在艺术的氛围里感受艺术美。大学生往往会对一切事物都充满好奇，因此，校园环境一定要具有活力性和趣味性，让学生在风趣、丰富、典雅、优雅的学校环境中感受美、接触美。

2. 构建校园精神文化

美育要对学生的精神文化加以影响，帮助学生树立崇高的理想信念和正确的美育观念：以善为美，以爱为美。良好的精神文化建设是促进学生美育发展的根本动力，要想优化学生的精神文化就要努力建设校园的精神环境。

（1）借助传统文化的力量

例如，高校可以在主教学楼的大厅中设置一系列的中华传统美德宣传图以及弟子规、二十四孝图和百家姓等方面的宣传图片。同时，还可以定期举办传统文化美德相关主题的读书活动，将传统美德与美育活动有机结合，在弘扬中华传统文化的同时对学生进行精神美的熏陶。

（2）校风建设是核心

一个高校的综合素质最直观的体现往往是该校的校风建设。良好的校风在学生教育上有特殊的影响。学校的管理风格往往也会体现一个学校的校风，它有一股巨大的同化力和约束力，是一种精神力量和优良传统。校风体现在学校所有教职工的精神面貌上，包括教师教风、学生学风、学生干部作风、班集体班风等，还渗透在与学校教育相关的每一环节之中。

优良的校风如同一把标尺，能让师生在日常生活中自觉规范自我。教师的语言谈吐、举止仪表对学生的心灵和行为影响于无形之中。美育旨在培养学生形成崇高的信念、健全的人格，因此，教师一定要带头做好榜样示范作用，严以律己、以身作则。例如，在大学校园中，学校针对教师行为合理制订规范制度，教师应遵照执行，做到为人师表。同时，高校还可以采用师生互助的形式，使师生互相监督，互帮互助教师可以组建环境保护小组，与学生共同做好保护校园环境和美化工作。在上学或者放学时，教师要对学生强调外部事件对其行为指导的重要性，督促保持良好的纪律和秩序，让学生明白社会具有规范性。最后，教师可以借助班集体的凝聚力建设一个健康的班集体，正面引导大学生接受美育思想。

（3）组织文化活动体验美

在对部分高校美育教育的实施调查中，可以感受到大部分学生对参与文化活动的渴望和热情。美育活动是对教学课程的必要补充，是对学生最直观、最直接、最便捷并使之充分体验美的方式。美育活动需以学生的不同兴趣、不同需要、不同优势为出发点进行设计和组织。学生在活动中进行自我意识的建构，从而发挥自己的优势，力图做到每一位学生在活动中都能有所收获。美育活动还需要具有趣味性，有趣的活动可以激发学生的想象力和创造力。学生在活动的过程中不仅能学习新知识，还能对不同的美形成一个整体的概念，在艺术活动的氛围里享受美、体验美，提升审美素养。例如，高校在课余时间可以组织小型活动，如诗歌、雕塑、体操、朗诵、辩论、下棋、书法等；在学习单元结束时或各种节日期间举办大型活动，如才艺比拼、运动会、文艺汇演等，尽可能做到使每一位学生都有向别人展示自己独特美的机会。学生之间互相分享、吸取不同的美，从而更好地塑造自己的审美能力。

（4）强调礼节礼仪培养

中华五千年来的礼仪道德美是中国人最宝贵的精神财富，必须得到弘扬和传承。例如，在教学过程中，教师可以通过传统礼仪小故事创设情境对学生进行熏陶教育，体会故事之美和礼仪之美，同时渗透礼仪行为培养，如重视每次升国旗、唱国歌，让学生充分感受崇高的民族气节和优良的民族精神，进而将其精神内化，听见国歌、看见国旗自觉停下脚步行注目礼；在礼仪培养的过程中，加强学生集体主义观念，教会学生热爱生活、感受生活，以及发现生活中的善、生活中的美，激发学生对美好事物的追求和向往。综上所述，优化美育的精神环境对于提高学生的审美能力和审美素养，促进理性的审美观念和健康的审美情趣是至关重要的。

3.优化美育人际环境

美育的目的是培养学生形成健全的人格。个体拥有健全的人格首先要有健康的心理素质。良好的人际环境可以塑造学生健康的心理。高校的人际关系主要体现在师与师、生与生、师与生的关系上。

首先，教师的人际交往风格会给学生的处事方式带来一定的影响，教师要团结其他教育工作者，大力发扬集体精神；其次，教师要做到公平、客观，热情对待每一位学生，除学习之外，还要关心学生的生活；最后，无论在课堂上还是课外活动中，教师要培养学生的合作意识，让学生互帮、互助、互爱，加深学生间的友谊，帮助孤僻的学生与其他同学保持互动、建立友谊，营造一个融洽的人际氛围。总之，创建和谐亲善的人际环境，能够有效促进大学生的身心健康和人格完善。

（二）构建美育教学资源平台

利用课堂教学实施美育需要丰富的美育资源作为支撑。当前高校美育实施现状不佳的重要原因之一是未充分挖掘美育教学的资源，也未构建美育教学资源平台。网络课程资源是信息时代赋予教育的丰厚馈赠，高校和教师应充分挖掘互联网资源的巨大优势和潜力。

第一，学校应充分利用现代信息技术设备、互联网资源和信息化手段，支持教师使用多媒体教学设备，提供丰富多彩的美育课程和优质数字教育资源，可以与其他高校共建美育学习交流平台，共享优质美育资源。

第二，教师可以利用在线教学资源平台，如人人通平台、一师一优课等互联网优质教育教学平台。教师还可以通过互联网教学平台观摩其他优秀教师上课的完整视频，包括教案、课件等，通过不断地观摩学习，提升自己的教学能力和教学素养。

第三，教师个人可以开发、建立学科教学资源库。教师在利用互联网上其他优质的美育课程资源时也可以开发、建立本学科的教学资源库，这样教师的教学经验和教学材料就可以共享，教学才能不断进步。高校要利用现代信息技术拓宽美育的视野和资源，创新高校美育的教学方式，促进高校美育的进步和发展。

（三）充分利用社区美育资源

高校美育内涵式实施仅靠高校的力量很难实现，高校必须充分利用附近的社区资源。有学者总结出多个有利于促进学校艺术教育的因素，其中，位于首位的是"社区参与"，包括来自专业艺术家、美术馆、音乐馆、艺术组织等方面的参与。高校领导与教师要意识到社区资源和丰富的校外美育资源对美育教育的重要作用。

第一，高校可以与社区之间建立发展的、建设性的合作关系，如高校与社区美术馆、博物馆、音乐剧场等艺术类场所合作，还包括展览馆、科技馆、历史纪念性场馆等场所。举例来讲，江西作为革命老区拥有鲜活丰富的红色文化资源，革命老区有井冈山，瑞金、安源等；具有爱国教育意义的有八一南昌起义纪念馆，八一广场等；彰显历史气韵的有滕王阁、万寿宫；代表大国气象的有南昌市图书馆、江西省博物馆、江西省美术馆。高校可以定期组织学生到上述场所参观，构建校社之间良好的美育环境。

第二，在当前教育改革背景下，课后服务正开展得如火如荼，高校可以构建课后服务课程实施方案，通过与社会美育机构合作构建美育特色课程，积极利用社会美育资源，包括社会人力、物力、财力。例如，高校可以引进美术家和书法家进校园、引进民间艺人进校园等，利用社会力量开展文体、科普、社团活动，丰富学生的课余生活。

第三，高校可以与其他高校展开合作，应注重与其他高校的各个学院，尤其是美术学院和音乐学院，密切合作。此外，高校要充分利用高校的美育资源。如教师可以组织学生去高校美术学院看展。

综上所述，学校、家庭和社区要拧成一股绳，共同发挥美育的合力作用，在良好的美育文化氛围下培养人人爱美的中国精神。

六、强化高校美育教育保障体系构建

（一）教师队伍保障

专业化的师资队伍是加强高校美育教育的人力保障。高校要为美育教师提供职前培训，提高美育教师必备的知识和技能水平。其他各学科的教师在职前也要接受一定的美育培训和一些正式的指导，了解艺术丰富专业内容。承担学科教学任务的教师尤其需要确立"学校美育，人人有责"的观念。高校应构建整合学科组或年级组的协同机制，动员全校师资加强对包括美育在内的全面发展教育实施路径的学习和理解。

1. 完善教师编制，配齐美育教师

目前，大多数学高校美育面临的一个重大问题，就是美育教师数量严重不足。现阶段高校教师的年龄结构是不平衡的，一部分教师虽年事已高，但仍占有编制，加之每年的招聘指标都会受到限制，在一定程度上会造成年轻美育教师"一编难求"，继而呈现教师编制断层显著。同时，很多高校的艺术学科课程教师并非专业出身，大多是外聘和兼任，加上编制分配不均衡，导致专业美育教师稀缺，所以，高校要采取有效措施合理分配教师编制，配齐、配足美育教师。

相关教育管理部门应当结合有效措施优化、配置现有的教师队伍。一是根据当地地方特点和教育需求的合理性，保证师资的正常比例；二是不断优化美育教师队伍；三是适度增加编制，探索多元引进渠道，吸纳优质美育人才，保持整个美育教师队伍的活跃和活力。

高校应积极与地方省会城市具有美育特色的高校建立美育互助关系，扩大兼职美育教师队伍，引进一线教师和获得优秀荣誉称号的教师担任本校美育的外教老师和特教老师，以充实美育教师队伍，团结各种文化力量。

社会各界要对专业艺术师范生的心灵和精神进行持续关注，提高艺术院校专业师范生的地位，以激发他们的对美育专业教师这一职业的热情，确保其毕业时愿意奋战在高校美育工作的第一线。

2. 加强美育师资的培训

美育在高校教育中主要是通过课堂教学进行的，教师在课堂教学中扮演着具体实施者的角色，有着正确美育观念和审美素养的教师会带给学生正向引导。所以，高校要多为教师提供美育培训的机会，使其真正掌握美育内在的意义和功能，从源头提高教师的美育素质，发挥美育的最大作用，营造美育氛围。一些高校并没有意识到应当为教师安排关于美育的培训活动。美育要求教师具有专业艺术学、教育学、心理学、历史学等多种学科理论基础，还要求教师具备扎实且全面的艺术素养。

第一，在培训内容上，高校要对教师进行美学理论知识的培训，使教师对美育的概念有一个正确、深刻、全面的理解。教师对于诗歌、文学、音乐、电影等方面都要进行完整、系统的理论学习，不断提升审美素养。丰富的美学知识储备，全面掌握相关艺术技能和基本理论知识，对美育教师深化教学课堂有着重要的作用。

第二，高校要加强骨干教师的美育培训。骨干教师的教育理念对学校年轻教师和学生的思想都有着隐性的影响，他们更应该意识到自己的责任和义务，不断努力提高审美素养，最终实现学生人格魅力和人文素质全方位的提升。因此，骨干教师不仅需要熟知专业领域内的理论知识，还需要使这些知识在与别人的沟通交流合作中更加完整系统，如参加美育学术交流会、美育教学培训等。骨干教师的人文精神会潜移默化地影响其他教师和学生，因此，加强骨干教师人文素质培养是建设高素质教师队伍、提高学生审美能力的有效途径。

第三，高校要加强教师信息化培训，将科学与艺术相结合。随着人们生活质量的提升、科技的快速发展和互联网的日新月异，这些无论是在范围还是在力度上，对当前高校以及大学生的影响还是相对较大的。随着科学与艺术的日益紧密结合，高校教师应该不断探索和学习，培养教师的信息化素养，同时将美育观念渗透给学生，将美育的本质与科学前沿的思想和方法结合起来，以便更有效地进行教学。

3. 强化美育教师激励制度

政府和教育部门应设立高校美育专项经费，其中，聘请和培训美育教师的经费应得到最基本的保障，尤其是对于占主体地位的艺术类教师。在薪资待遇上，艺术类教师应与其他学科教师享受同等待遇。高校应对学科美育教学教研带头人或在美育实践中做出显著贡献的教育者给予物质上和精神上的支持和保障。艺术类教师常被冠以副课教师的名号，久而久之，学生在心里也会形成对音乐、美术等学科的偏见。因此，当地政府和教育部门要想顺利实现学校美育的高质量发展，不仅要给予高校美育专项经费支持，更要增加高校美育教师的招聘名额，美育艺术类教师编制名额要与其他学科一致，在艺术类教师的职称晋升条件也要同其他学科教师同等。高校要使教师的地位得到保障，只有这样，教师才能更有动力去完成教学。学校领导要树立正确的美育理念，在思想上高度重视美育的重要意义。高校要提升美育教师尤其是艺术类教师的地位，在教师聘任、师资培训、设施保障、多元评价等方面建立长效系统的美育育人机制。只有社会、学校、政府合力提升美育才能立竿见影。

（二）条件保障

国家、地方政府和高校要加强美育条件的建设力度，保证高校有足额的资金开展美育教育工作。在国家层面，教育部与财政部门要为高校美育教育的开展提供专项经费拨款。地方政府也要为高校美育教育筹备必要的教育经费，保障高校美育教育工作的开展。高校可以利用校友圈、通过校企合作等方式向社会筹集美育经费和美育资源，满足高校美育教育的持续性发展提高。高校要加大美育教育的经费投入，合理规划美育教育的预算，为美育活动的开展和校园美育基础设施建设提供充足的经费。

美育教育的实践性强，对场地的需求较高，高校要建设专门的美育场所供美育学习和美育活动使用，在校园内设立大学生活动中心、艺术大楼和演艺剧场等美育活动场所供学生开展美育活动。高校要打造专门的美育教室，针对不同的美育课程内容安排不同的美育教室，提供专业的教具满足美育教学的需要，建设主题文化馆、博物馆、图书馆等丰富校园内部美育场所，为艺术社团配备基础的设备；聘请专门的人员看管养护相关场所和器材，定期进行检修；加强硬件设施保障，建立相关器材补充机制。高校内部美育场所和器材供全校学生使用，要明确校内美育设施的使用说明，规范在校学生使用学校美育设备的流程，保证高校的美育设施物尽其用。

（三）监督保障

地方政府应成立美育教育评估小组，制订美育教育评价指标体系，定期对高校美育教育的质量进行评估，将美育教育效果纳入高校人才培养工作评估指标体系；改革高校评价方案，将高校美育教育纳入优势特色评价模块。对高校美育教育评估要着重注意对高校美育教育效果的评估，评估的内容还应包含高校管理层面对美育的认知情况、高校校园文化环境、美育教师队伍的师资力量、美育基础设施条件、高校对国家政策提出的美育意见的落实情况等。

高校应建立美育教育工作督导小组，监察美育教育工作的实施，对美育教学和美育活动的落实情况进行持续跟进；将美育课程的质量纳入学校的课程质量评价和教师的教学考核评价之中，将各教学学院参与美育实践的情况纳入学院年终教学情况评估，将美育教学评价与激励机制和约束机制相挂钩。高校和学院定期对该阶段美育教育的实施情况进行评估，有利于下一阶段美育教育工作的加强和改进。

参考文献

[1] 钟仕伦，李天道 . 高校美育概论 [M]. 北京：中国社会科学出版社，2006.

[2] 宁薇 . 大学生美育论 [M]. 天津：天津社会科学院出版社，2013.

[3] 秦玉国 . 美育视野下的高校辅导员角色示范研究 [M]. 成都：西南交通大学出版社，2017.

[4] 刘华 . 舞蹈教育与美育探析 [M]. 北京：九州出版社，2017.

[5] 王军莉 . 寓教于乐，潜移默化：高校美育实施路径研究 [M]. 北京：九州出版社，2018.

[6] 吴东胜 . 美育通论 [M]. 广州：暨南大学出版社，2018.

[7] 刘洋 . 高校"美育＋公益"创新体系建构研究 [M]. 成都：四川大学出版社，2019.

[8] 周玫 . 大学生美育问题研究 [M]. 贵阳：贵州科技出版社，2019.

[9] 肖立军 . 新美育实践研究 [M]. 长春：吉林人民出版社，2020.

[10] 张龙，于洪娜 . 高校美育德育的当代发展研究 [M]. 北京：中国纺织出版社有限公司，2021.

[11] 王萌 . 高校美育的逻辑起点、现实困境及突破路径 [J]. 国家教育行政学院学报，2020（12）：68-75，95.

[12] 杨丰仔 . "三台融合"下高校美育教学体系建设与创新研究 [J]. 现代交际，2020（18）：49-51.

[13] 刘珊 . 新时代高校美育的目标指向与路径选择 [J]. 湖南科技大学学报（社会科学版），2020，23（05）：159-165.

[14] 王小奎 . 高校美育教育实践路径研究 [J]. 四川戏剧，2020（05）：156-158.

[15] 高阳，史玉莹，高佩琳 . 新时代下高校大学生美育教育现状与创新策略研究 [J]. 科技风，2020（24）：23-24.

[16] 陈若旭 . 新发展阶段高校美育教育优化路径 [J]. 中国高等教育，2021（23）：56-58.

[17] 徐荣荣 . 新时代高校美育工作的瓶颈及其破解路径探索 [J]. 湖北开放职业学院学报，2021，34（24）：41-43.

[18] 宋晓清，王永伟 . "象·形·境"理念下高校美育课程内容建设探究 [J]. 现代商贸工业，2021，42（34）：158-159.

[19] 李晓艳 . 文化传承视角下高校美育教学研究 [J]. 艺术大观，2021（33）：115-117.

[20] 林明 . 高校美育教育的优化策略 [J]. 艺海，2021（11）：94-95.

[21] 孙臆涵 . 建设高质量高校美育教育课程体系研究与实践 [J]. 现代交际，2021（18）：45-47.

[22] 霍楷，徐宁 . 中国高校美育教育现状及改革对策研究 [J]. 创新创业理论研究与实践，2021，4（18）：110-112.

[23] 刘本利 . 高校美育的现实困境及其发展策略 [J]. 美术教育研究，2021（13）：128-129.

[24] 陈超 . 新时代背景下高校美育教育改革的研究 [J]. 中国民族博览，2021（10）：91-94.

[25] 邓思佳 . 高校教育中美育体系的现代化构建思考 [J]. 艺海，2021（01）：86-87.

[26] 孙淑锦，化岩 . 融媒体环境下高校美育创新策略研究 [J]. 办公室业务，2021（10）：71-72.

[27] 石成瑜 . 简析当前高校美育现状以及新出路 [J]. 大众标准化，2021（08）：53-55.